한 손엔 차표를, 한 손엔 시집을
시가 있는 여행

저자 | 윤용인

딴지일보 기자를 거쳐 2000년 7월 여행 전문 웹진 '딴지관광청'을 창간해 많은 여행 독자와 소통하고 소비자 중심의 여행문화 바로 세우기에 주력했다.
2003년 11월 '노매드 Media & Travel'이라는 여행 컴퍼니를 설립, 본업인 여행은 필수로 하면서 각종 방송과 매체 등을 통해 여성과 결혼, 육아와 심리 등 폭넓은 글을 썼다. 저자 특유의 솔직담백한 글들이 '유쾌한 감성체'로 세상에 소개되었고, 주요 일간지에 칼럼을 연재하며 수많은 남녀 독자들로부터 뜨거운 호응을 얻었다.
쓴 책으로 〈사장의 본심〉〈심리학, 남자를 노크하다〉〈어른의 발견〉〈딴지, 여행에 똥침을 쏘다〉〈발리〉 등이 있다.

"당신의 여행이 시(詩) 안에서 더 풍성해지기를"

2012년 1월 윤용인

차
례

1장 당신이 내리실 역은 희망 정거장 • 8

당신이 내리실 역은 희망정거장 항동 기차여행 • 10
생명의 소음이 있는 곳 광장시장 • 20
자연과 하나 되어 걷는 길 제주 올레 • 28
하늘에서 가까운 예술 마을 낙산 • 38

2장 사랑했고, 사랑하고, 사랑할 것이다 • 45

나를 버리고 떠난다 보길도 • 48
소중한 사소함을 찾아서 약수동 • 58
시인과 동백과 상사화가 있는 곳 선운사 • 66
맑고 향기로운 삶 길상사 • 74
사람에 대한 간절함을 안고 떠나는 여행 지심도 • 82
섬에서 게으르게 무위도식하기 선유도 • 88

3장 가족, 함께하는 여행 · 96

핑크빛 분위기로 떠난다 춘천 · 98
아이에게 추억 만들어 주기 태안해수욕장 호핑투어 · 106
볼 것 많고 먹을 것 많은 여행지 담양 · 114
할머니 품처럼 아득하고 아련한 도시 강경 · 124
교과서 밖에서 만나는 통일과 평화 고성 · 134

4장 잃어버린 시간을 찾아서 · 142

작은 사슴들이 사는 아름다운 섬 소록도 · 144
출구 없는 시간 속으로 떠난 여행 군산 · 154
오래된 것을 찾아 떠난 여행 홍제동 개미마을 · 162
천 년의 역사가 숨 쉬고 있는 도시 경주 · 170

5장 치유의 시, 치유의 여행 · 180

상처 난 가슴이 닿는 곳 해남 땅끝마을 · 182
절망의 끝에서 봄 맞으러 가기 원당종마목장 · 190
자연으로 떠나는 치유여행 통도사와 영축산 · 196
슬픔의 코드에 잘 닿아 있는 곳 영월 청령포 · 206
그리움을 가득 안고 떠난 여행 목포 · 214
어느 날 엄마가 그리울 때 운주사 · 224
문학의 땅에서 마주하는 고해성사 장흥 · 232

6장 주름을 사랑하리라 · 242

나 자신을 위해 하루를 쓰고 싶을 때 수종사와 다산 유적지 · 244
갈대밭에서 순응하는 삶을 배우다 순천 · 252
곡선의 여행 부석사 · 262
맛 따라 길 따라 강원도 여행 · 272
세월을 따라 느릿느릿 우이령 길 · 280

수록시 모음

1장
철길 김정환 11
들리는 소리 원재길 21
도보순례 이문재 29
파안 고재종 39

2장
섬 정현종 49
즐거운 편지 황동규 59
천창호에서 나희덕 66
나와 나타샤와 흰 당나귀 백석 74
당신에게 중독되어버린 내 사랑 황봉학 83
부뚜막에 쪼그려 수제비 뜨는 나어린 처녀의
 외간 남자가 되어 김사인 88

3장
의자 이정록 98
율포의 기억 문정희 107
그 이름 생각만 해도 눈물겨운 권경업 115
늙은 거미 박제영 125
아이를 키우며 렴형미 134

4장
보리피리 한하운 145
문고리 조은 154
인연 김해자 163
성장 이시영 171

5장
솟구쳐 오르기 2 김승희 183
봄 이성부 191
소나무에 대한 예배 황지우 197
물방울, 송곳 정병근 207
선술집 고은 215
엄마 정채봉 225
눈길 이청준 233

6장
나 김광규 245
풀 김수영 253
그 굽은 곡선 정현종 263
태백산행 정희성 273
성에꽃 최두석 281

1장 당신이 내리실 역은 희망 정거장

당신이 내리실 역은 희망 정거장 항동 기차여행

생명의 소음이 있는 곳 광장시장

자연과 하나 되어 걷는 길 제주 올레

하늘에서 가까운 예술 마을 낙산

당신이 내리실 역은
희망 정거장 | 항동 기차여행 |

철길

| 김정환

철길이 철길인 것은
만날 수 없음이
당장은, 이리도 끈질기다는 뜻이다.
단단한 무쇳덩어리가 이만큼 견뎌 오도록
비는 항상 촉촉이 내려
철길의 들끓어 오름을 적셔주었다.
무너져 내리지 못하고
철길이 철길로 버텨 온 것은
그 위를 밟고 지나간 사람들의
희망이, 그만큼 어깨를 짓누르는
답답한 것이었다는 뜻이다.
철길이 나서, 사람들이 어디론가 찾아 나서기 시작한 것은
아니다.
내리깔려진 버팀목으로, 양편으로 갈라져
남해안까지, 휴전선까지 달려가는 철길은
다시 끼리끼리 갈라져
한강교를 건너면서
인천 방면으로, 그리고 수원으로 떠난다.
아직 플랫폼에 머문 내 발길 앞에서
철길은 희망이 항상 그랬던 것처럼
끈질기고, 길고
거무튀튀하다.
철길이 철길인 것은
길고 긴 먼 날 후 어드메쯤에서
다시 만날 수 있으리라는 희망을
우리가 아직 내팽개치지 못했다는 뜻이다.
어느 때 어느 곳에서나
길이 이토록 머나먼 것은
그 이전의, 떠남이
그토록 절실했다는 뜻이다.
만남은 길보다 먼저 준비되고 있었다.
아직 떠나지 못한 내 발목에까지 다가와
어느새 철길은
가슴에 여러 갈래의 채찍 자국이 된다.

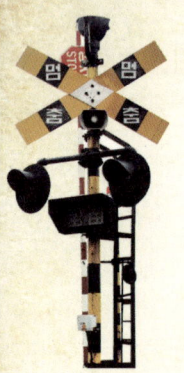

/ 한 손엔 차표를, 한 손엔 시집을

기차는 여행자를 목적지로 데려다 주는 여행 수단이자 그 자체로 여행이 된다. 굳이 어느 곳을 여행지로 염두에 두지 않더라도, 기차역에 가서 표를 사고 플랫폼에 서서 기차를 기다리다 드디어 듬직한 보호자처럼 서서히 다가오는 열차에 오르는 그 모든 과정은, 보들레르가 그의 시구에서 말한 "우리들을 비참한 일상으로부터 해방시켜 줄 이 알 수 없는 열병"인 여행, 그 자체가 되는 것이다.

좌석표를 확인하고 자기 자리에 앉아 잠시 숨을 돌린 후 기차가 스르륵 철길 위를 미끄러질 때 배낭 속에서 책을 꺼내 읽다가, 창밖의 풍경을 보다가, 다시 책을 보다가, 창밖의 풍경을 읽다가, 조각의 상념에 빠지는 즐거움도 놓칠 수 없는 기차 여행의 기쁨이다. 알랭 드 보통이 〈여행의 기술〉에서 말한 대로, '멈칫거리기 일쑤인 내적인 사유도 흘러가는 풍경의 도움을 얻으면 술술 진행되어 나가는 것'이고 그래서 '여행은 생각의 산파'가 되는 셈이다. 그는 산파의 공간으로 비행기, 배, 기차 등의 이동수단을 지목했다.

게다가, 당신이 혼자만의 여행자라면, 그리고 여성이라면 기차는 더 좋은 여행수단이 된다. 순댓국을 혼자 먹는 남자를 향해 사람들은 이상한 눈빛을 보내지 않는 것처럼, 기차에 혼자 앉아 있는 여성을 향해 궁상맞다거나 청승맞다고 감상은 때때로 무의식적으로 찾아오지만, 여행자는 가끔 그 감상을 인위적으로 만들 필요가 있다. 그것이 여행을 잘하는 방법 중 하나다. 시집을 들고 떠나는 여행은 그래서 좋다. 여행지에서 시집을 들었을 때 여행자는 시인이 된다.

보는 사람은 없다. 오히려 MT를 가는 시끄러운 청년들, 멈춤 없이 웃으며 소란을 만드는 연인을 향해 눈총을 줬으면 줬지 홀로 여행자를 이상하게 보지 않는 곳이 기차 안이다.

감상은 때때로 무의식적으로 찾아오지만, 여행자는 가끔 그 감상을 인위적으로 만들 필요가 있다. 그것이 여행을 잘하는 방법 중 하나다. 시집을 들고 떠나는 여행은 그래서 좋다. 여행지에서 시집을 들었을 때 여행자는 시인이 된다. 시인의 세포는 여리고, 감각은 세밀하며, 세상의 모든 생명 있거나 생명 없는 것과 친구가 되는 사교성을 갖는다. 시인은 죽어 있는 모든 사물에 생명을 부여하고, 실존의 의미를 준다. 그러니까 시집을 든 여행자는 시인으로부터 신권을 위탁받은 자이다.

당신의 여행은 시작되었고, 그 여행의 첫 장소는 바로 기차 안이 되었다. 더러는 눈을 감고, 더러는 무념에 빠진 이 조용한 공간에서, 들리는 것은 기차 바퀴와 철길이 부딪치는 이동의 소리뿐, 이제 좀 더 집중하여 첫 번째 시를 만나보자. 기차 안이라는 여행지에서 말이다.

/ 그 역의 이름은, 희망정거장

철길이 철길인 것은
만날 수 없음이
당장은, 이리도 끈질기다는 뜻이다.
단단한 무쇳덩어리가 이만큼 견뎌 오도록
비는 항상 촉촉이 내려
철길의 들끓어 오름을 적셔주었다

사랑하는 사람으로 인해 속을 끓여 본 적이 있는가? 혹시 지금이 그러한가? 세상이 내 마음대로 안 되는 건 알지만, 그래도 관계는 주고받음의 공식이 비교적 명확해야 한다고 생각했을 것이다. 내가 쏟았던 사랑과 관심이 상대에게 흡수되어, 비슷한 양으로라도 돌아와 주기를 바랐을 것이다. 그러나 그것을 집착이라고 하고, 주는 이의 이기성이라 하고, 누가 달라고 했느냐는 타박을 받으면서 절망도 했을 것이다. 이 머나먼 수평의 관계를 어떻게 하나로 합칠 수 있는지, 내가 얼마만큼 버리고 어느 정도 욕심을 비워야 하는지를 암담해했을 것이다.

그러나, 보자. 철길은 절망하지 않고 암담해하지 않는다. 두 개의 수평으로 나뉘어 있는 각각의 길에서, 각각의 철로는 당장의 하나 되기를 갈구하지 않기 때문이다. 아니 어쩌면 철길의 끝까지 그 둘은 딱 그만큼의 거리로 앞서거나 뒤처짐도 없이 이어질 것이다. 극단 대신 선택한 평화만큼의 거리를 유지하면서 말이다.

무너져 내리지 못하고
철길이 철길로 버텨 온 것은
그 위를 밟고 지나간 사람들의
희망이, 그만큼 어깨를 짓누르는
답답한 것이었다는 뜻이다.

산을 좋아해서 산을 오르기 시작했던 수년 전, 괜스레 산에게 미안했던 적이 있었다. 한 주일 동안 속세의 번뇌는 내가 쌓아놓고, 그것을 온전히 산에다 풀어놓기 위해 산에 오르는 것이 참 염치없는 짓이라는 생각이 들었다. 나뿐만 아니라 이 산을 오르는 모든 사람이 마음속으로 혹은 혼잣말로 누군가에게 내리는 저주, 욕, 비난, 한숨, 탄식을 묵묵히 받아내고 있는 산은 얼마나 힘들어 할까라는 과잉의 생각을 했었던 것이다. 그럼에도 산은 나무를 시들게 하지 않았고 바위를 흔들어 추락시키지 않았다. 그만큼 산의 가슴은 혜량惠諒의 정도를 넘어선 크기였고, 그것을 알았을 때 나는 산을 더 사랑하게 되었다.

기차에 오른 사람들 각각의 마음 속에는 저마다의 사연이 산다. 살아가는 것은 사연의 주머니를 채우는 일일 테다. 그 사연의 집합이 객실을 채웠을 때, 철길을 내리누르는 하중은 철길 정도를 무너뜨리는 것이 정상이었겠으나 고맙게도 철길은 무너져 내리지 '않' 았다. 철길이 무너져 내리지 '않' 은 이유는 산이 그러했듯, 철길 스스로가 인간의 삶을 하늘의 가슴으로 품고 있기 때문이다. 슬픈 것이 정상이라고, 그러나 당신들이 염원하는 희망이라는 놈도 그리 쉽게, 녹록 하게 다가오지는 않을 것이라고, 철로는 기차를 온 몸으로 받으며 그렇게 소리 내고 있었다.

철길이 나서, 사람들이 어디론가 찾아 나서기 시작한 것은 아니다.
내리 깔려진 버팀목으로, 양편으로 갈라져 남해안까지, 휴전선까지 달려가는 철길은
다시 끼리끼리 갈라져
한강교를 건너면서
인천 방면으로, 그리고 수원 방면으로 떠난다.
아직 플랫폼에 머문 내 발길 앞에서
철길은 희망이 항상 그랬던 것처럼
끈질기고, 길고
거무튀튀하다.

그렇지만 철길은 인간에게 절대로 시니컬하지 않다. 사람들이 나아간 발자국이 길을 만들어 내듯, 사람들이 탄 기차가 앞으로 나아가고 나서야 철길은 철길이 된다. 그렇게 철길은 능동적이고 개척적인 삶을 이야기한다. 세상의 희망이 파랑새처럼 파닥이며 오지 않고, 때때로 병든 새처럼 가뭇가뭇 올지라도 그 자리에 주저앉아 있을 수는 없다고 철길은 사람들에게 말해 준다. 인생도 철길처럼 앞으로 나아가야 하고, 또한 끊임없이 확장해야 한다. 철길과 철길이 어느 순간 만나 또 다른 여정으로 뻗어 가듯, 인간의 삶도 인연 속에서 관계를 맺으며 횡적 확장을 지속해야 한다. 그랬을 때 끈질기고, 길고, 거무튀튀하지만 희망은 우리에게 반드시 온다.

철길이 철길인 것은
길고 긴 먼 날 후 어드메쯤에서
다시 만날 수 있으리라는 희망을
우리가 아직 내팽개치지 못했다는 뜻이다.
어느 때 어느 곳에서나
길이 이토록 머나먼 것은
그 이전의, 떠남이
그토록 절실했다는 뜻이다.
만남은 길보다 먼저 준비되고 있었다.

아직 떠나지 못한 내 발목에까지 다가와
어느새 철길은
가슴에 여러 갈래의 채찍 자국이 된다.

이제 철길을 따라 난 어느 길 한 지점에서 당신의 여행은 시작될 것이다. 그곳에서 만날 공기, 바람, 풍경, 사람, 내 마음과 너의 그리움, 다시 살아오는 기억과 깨어나는 아픔까지 모든 것은 새롭게 당신을 향해 준비된 것이다. 오래도록 절실했던 당신 안의 역마驛馬가 철로 위에서 더운 심장을 헐떡인다. 천 년 전부터 예고돼 온 떠남의 갈망을 철길 역시 천 년 전부터 알고 준비하고 있었다. 적당히 아름다운 거리에서 관계를 맺으며, 한없이 넓은 포용력으로 앞으로만 나아가는 우리의 철로가 사람을 내려 주는 그 모든 역의 공통 이름은, 그러므로 희망정거장이다.

/ 철로의 서정을 느낄 수 있는 곳, 항동

혹시 기차를 타지 않고도 철로의 서정을 느끼고 싶다면 맞춤한 여행지가 있다. 기차도, 역사도 없다. 기차가 없으니 떠나는 사람도 없고 돌아오는 사람도 없다. 역사가 없으니 출구도 없고 입구도 없다. 오로지 철로만 놓여 있다. 서울 구로구 항동 33번지다.

기찻길은 원래 오류동역에서 부천을 잇던 오류선이었지만 현재는 일주일에 한 번 군수물자 수송용으로만 쓰이는 폐철로다. 서울이지만, 느닷없이 마주친 낯선 타인 같은 이곳은 낯설지만 그 낯섦이 더 이상 낯설지 않을 때까지 천천히 산책하기에 좋은 곳이다. 주변에 논이 있어 산책이 더 풍요롭다. 수목원 조성사

업이 진행되면서 2009년을 마지막으로 벼 수확은 끝났지만 논이었던 땅을 보고, 주인 잃은 빨래집게도 보고, 기능 잃은 기차신호등도 보면서 아주 느린 시계추처럼 그렇게 걸어보는 것도 괜찮을 것이다. 무료 저수지로 유명한 항동저수지 주변은 수목원이 되고, 폐철길은 정선의 레일바이크처럼 철로자전거가 다닌다고 하니 기억의 흔적으로 사라지기 전에 잠시 시간을 내 보자.

항동 저수지 정보

찾아가는 길
대중교통 | 지하철 7호선 천왕역 2번 출구에서 나와 직진 후 철길이 나오면 왼쪽으로 철길 따라 이동하면 된다.
승용차 | 자동차를 타고 간다면 내비게이션에 항동저수지를 '찍는다.

생명의 소음이 있는 곳
| 광장 시장 |

들리는 소리

| 원재길

1

바로 아래층에서
전기 재봉틀 건물 들어 올리며
옷 짓는 소리
목공소 전기톱
통나무 써는 소리
카센터 자동으로
볼트 박는 소리

굉음에 하늘 돌아보니
불빛 번득이며
먹구름 밑 낮게 나는 헬리콥터
어서 지나가면 좋겠는데
아까부터 시동 걸려
골목에 버티고 선 트럭

2

너는 모든 침묵을
소음의 자식으로 여겨라
모든 소음은
침묵의 아비로다
사람의 모든 色이
어디에서 오는지 알려 애써라

/ 나와 네가 다른 것은 나와 너의 목소리가 다르기 때문

퇴근길 회사 앞에서 "까악!" 하고 날카로운 여자의 비명이 들린다. 사람의 신경을 바짝 곤두서게 하는 소리다. 큰소리에 유난히 민감한 성격이라 뛰는 가슴을 애써 진정시키며 반사적으로 소리 나는 쪽을 향해 몸을 돌린다. 누군가에게 큰일이 벌어진 모양이다.

그러나 예상은 어김없이 빗나간다. 친구를 만난 한 소녀가 반갑다며 지르는 괴성이었고, 그녀는 주위의 시선을 즐기기나 하는 듯 더 큰 몸짓으로 상대를 끌어안고, 빙글빙글 돌고, "어쩜 좋아"를 연발한다. 내 몸을 놀라게 하고, 내 귀의 평온을 깨 버린 소녀를 향해 나는 표출하지 못하는 분노를 혼자 꾹 삭인다.

전철과 버스를 타면 핸드폰으로 사생활 중계를 하는 목청 큰 사람들이 늘 있다. 무시하려고 해도 그들의 소리는 내 신경 구석구석을 교란하고 들쑤셔 놓는다. 공공장소에서는 핸드폰 진동소리조차도 눈치가 보이고 행여나 전화가 오면 한쪽 손으로 입을 틀어막고 모기처럼 속삭이는 나의 소심함이, 저런 대심한 사람들을 보면 억울한 감정까지 생겨 버린다. 전화기를 빼앗은 후 그들이 내릴 때 건네주는 화끈한 상상도 해 본다.

도로 위의 나몰라 클랙슨 소리, 버스 기사님이 무심하게 틀어 놓은 라디오 트로트 소리, TV에서 고부간에 악다구니로 싸우는 소리, 상사의 하품 소리, 아내의 잔소리, 아들의 볼멘소리, 소리, 소리! 이 지겨운 소음에서 벗어나고 싶은 마음이 수시로 굴뚝같다.

그러나 만일 모든 사람이 입에 재갈을 물고 행진하듯 걸어가는 모습을 상상한다면 그것은 수천 마리의 개미의 행렬과 하나도 다를 것 없는 풍경일 것이다. 집단 속에서 개별의 개미는 결코 존재하지 않는다. 그것들은 그저 개미떼로 불릴 뿐이다.

그렇다면 사람으로 태어나 고유의 색과 개성을 드러내는 것은 무엇일까? 체취, 지문처럼 소리는 각각의 색이다. 나와 네가 다른 것은 나와 너의 목소리가 다르기 때문이다. 그 목소리들이 모여 소음이 된다. 그러므로 소음을 단지 소리의 집합이 아닌, 존엄한 인간들의 자기 변별력으로 해석하는 것도 충분히 논리적이다. 게다가 시인이 말한 대로 소음이 있어 침묵이 있고, 침묵이 있어 소음이 있는, 즉 침묵과 소음은 결국 한 몸이라는 생각에 이르면 세상의 소음이 둥글게 소곤거리는 별들의 소리로까지 들린다. 일체유심一切唯心, 세상의 모든 것은 생각하기 나름이다.

/ 우울이 나를 찾아올 때, 광장시장에 간다

살면서 누구나 중重하든 경經하든 감기처럼 우울증을 겪게 된다. 그 병이 무서운 것은, 삶의 모든 동력을 다 증발시키기 때문이다. 세상사 모든 것이 귀찮고 의미가 없고 생각하고 움직이는 것조차 싫어진다. 잠의 수마 속으로 자꾸 침

몰하는 것, 모든 우울증을 경험하는 사람들의 공통적인 증상이다. 그러나 결국 이것을 극복하려는 의지 외에는 달리 방법이 없다. 힘들더라도 우선 집 밖을 벗어나는 것, 즉 익숙하지 않은 곳으로 우선 공간이동을 하는 것이 우울증이라는 괴물에 맞서는 하나의 방법이다.

그럴 때 시장은 좋은 피난처가 된다. 시장 안에서 게으른 사람은 없다. 시장 안에서 치열하지 않은 사람도 없다. 모두들 하루의 살이를 숙명으로 받아들이며 목소리를 높이고 몸을 움직이며 삶을 펄떡거린다. 거기서 들려오는 모든 소음은 생명의 소리이고, 모든 침체된 사람의 기운을 북돋아 주는 효능 좋은 약이다.

대한민국의 구제는 다 모였다

서울의 수많은 재래시장 중에서 광장시장을 탈출지이자 여행지로 선택한 것은 달리 특별한 이유가 있어서가 아니다. 오직 있다면 조금은 집중력 있게, 많이 헤매지 않으면서도 침체된 기분을 몇 시간 만에 상승시켜 줄 꺼리들이 쏠쏠하게 있기 때문이다. 그 중 광장시장의 구제상가는 눈 쇼핑용으로, 실제 쇼핑용으로 꽤 근사한 선택이 될 것이다.

1904년 고종 즉위 41년 을사늑약 체결 후 남대문시장 경영권이 일본에 장악당하자 대안으로 설립된 시장이 광장시장이다. 광교와 장교 사이에 있어서 광장이라는 이름을 얻었고 1905년 당시에는 동대문시장으로 불렸다. 청계천이 복원되면서 현재 개장 이래 최대의 호황을 누리고 있다.

이곳은 스타일리스트와 패션 에디터들이 즐겨 찾을 정도로 구제 제품의 천국이다. 실제로 우리나라 구제 제품 대부분이 이곳에서 거래된다. 한 사람 지나가면 딱 좋을 정도의 공간이지만 안면 없는 사람들이 두세 명씩 사이좋게 어깨를 붙인 채 쇼핑해야 할 정도로 붐빈다. 흡사 개미굴이 연상된다. 이렇게 비슷한 평수에 가게 이름도 잘 분간이 안 가지만 같은 빈티지, 구제품을 파는 가게는 한 군데도 없다(비슷한 건 있을지 모르겠다). 가격대는 딱 정해져 있지 않지만 티셔츠는 5천 원대, 치마와 니트 등은 1만 원대, 재킷이나 아우터 등은 3~5만 원 정도다. 정찰제가 아니라 모두 도매로 거래되기 때문에 얼마만큼 흥정을 잘하느냐가 관건이다.

구제품을 고르는 것도 노하우가 필요하다. 입어 보고 사면 좋겠지만 구제상가 특성상 입어 보기가 쉽지 않다. 미리 자신에게 맞는 사이즈의 옷을 기준으로 물건을 고른다. 얼룩이 있거나 물이 빠지는지, 니트 등은 풀린 곳이 있는지, 비교적 고가인 가죽이나 모피 등은 더 꼼꼼히 살핀다. 구제의 특성상 구입 후 교환이나 환불이 쉽지 않다. 구입한 구제 옷은 입기 전에 세탁을 하는 것이 좋다. 구제는 물량이 한정돼 있고 똑같은 옷을 찾기도 어렵다. 마음에 든다 싶으면 가능한 바로 구입토록 한다. 뜸들이다가 놓친다.

시장 하면 역시 군것질

시장에 가서 건강한 소음을 들으며 귀를 뻥 뚫어버리고, 좋은 물건을 보면서 눈을 즐겁게 하고, 또 그것을 직접 사면서 기분이 좋아졌다면, 이제는 입을 행복하게 해 줄 차례다. 시장만큼 요소요소에 먹을 것이 지천인 곳이 없고, 특히 광장시장은 예민한 미식가들의 혀조차 농락시킬 만한 고수의 맛집들이 즐비하다. 그것도 만원 지폐 달랑 한 장 안쪽의 대가로.

튀김 녹두전

　녹두 골목은 광장시장의 남1문을 통해 안으로 들어선다. 10개의 녹두전 집이 가판과 실내의 형태로 몰려 있고 아주머니들이 서로 자기네 집이 맛있다고 한 마디씩을 한다. 광장시장에서 녹두전집이라 하면 가장 유명한 곳은 '순희네'와 '박가네'다. 두 집 모두 이태리 본토 피자가 무릎 꿇고 '형님!'을 외치는 맛이다. 순희네는 김치와 숙주 등이 박가네보다 많이 들어가는 대신에 녹두의 비율이 딸린다. 그래서 녹두 특유의 퍼석거림이 없고 상대적으로 쫄깃함이 느껴진다. 반대로 박가네는 순희네보다 김치, 숙주 등이 덜 들어가지만 비교적 녹두의 비율이 높다. 한입 집어 무는 순간 바삭한 식감이 유쾌함을 전달하고, 두 번째 씹는 순간 녹두의 촉촉함이 아기의 살갗같이 부드러우며, 세 번째 씹는 순간에는 숙주의 아삭함이 기름의 느끼함을 잠재워 준다.

모둠 해물

　광장시장에 왔다면 모둠 해물 또한 빠뜨릴 수 없다. 대부분의 모둠 해물 집들은 '순희네, 박가네 빈대떡집의 사거리 노상 점포'가 있는 곳을 기준으로 하여 위아래로 10여 개가 있다. 메뉴는 '모둠 해물' 단 하나다. 가격은 1만5천 원에서 2만5천 원대. 해물의 구성은 집집이 다르지만 제철에 나는 것으로 꾸리는 것이 일반적이다. 참치, 돔, 문어숙회, 광어, 소라, 멍게, 키조개꼭지 등으로 구성되어 있었다. 비록 갓 잡은 것도 아니기에 신선함도 없고 그렇게 질 좋은 것도 아니지만 비교적 저렴한 가격에 다양한 해물을 먹을 수 있다는 매력은 뿌리치기 힘든 유혹이다.

마약 김밥

광장시장의 '꼬마김밥'은 한 번 먹으면 계속 먹고 싶다고 해서 '마약 김밥'으로 불린다. 갓 지은 찰진 밥에 시금치, 당근과 단무지를 얹고 꼭꼭 눌러 싼 다음, 고소한 참기름을 바른다. 손으로 대강 주물주물해서 만든 모양이지만 짭짤하게 간이 맞고 참기름이 고소하다. 유부랑 김밥 반반씩 섞어서 주문도 가능하다. 마약이라고 불리는 비결은 아무래도 김밥과 함께 찍어 먹는 겨자간장과 새콤한 단무지 때문인 거 같다. 이쑤시개로 김밥과 함께 단무지를 콕 찍어 겨자 간장에 찍어 먹으면 한입에 쏘옥 들어간다. 그야말로 환상의 복식조다. 광장시장 서2문 구제상가 바로 옆에 있다(02-2264-7668).

광장시장 정보

찾아가는 길
버스 | 종로5가 가는 버스를 탄다.
지하철 | 1호선 종로5가역에서 내려 8번 출구로 나와서 서2문 쪽으로 걸어가면 위에 간판이 보인다. 구제상가는 바로 서2문 안으로 직진해서 들어가면 2층, 3층에 살짝 숨어 있다. 정 못 찾겠거든 시장상인들에게 물어보면 잘 알려 준다.

영업시간
09:00-18:00(5시면 문 닫고 퇴근하는 가게들도 많다) / 토요일 18:00까지 / 일요일 휴무

자연과 하나 되어 걷는 길

| 제주 올레 |

도보순례

| 이문재

나 돌아갈 것이다
도처의 전원을 끊고
덜컹거리는 마음의 안달을
마음껏 등질 것이다

나에게로 혹은 나로부터
발사되던 직선들을
짐짓 무시할 것이다

나 돌아갈 것이다
무심했던 몸의 외곽으로 가
두 손 두 발에게
머리 조아릴 것이다
한없이 작아질 것이다

어둠을 어둡게 할 것이다
소리에 민감하고
냄새에 즉각 반응할 것이다
하나하나 맛을 구별하고
피부를 활짝 열어놓을 것이다
무엇보다 두 눈을 쉬게 할 것이다

이제 일하기 위해 살지 않고
살기 위해 일할 것이다
생활하기 위해 생존할 것이다
어두워지면 어두워질 것이다

/ 걷기, 운동을 넘어 치유로

걷기는 원시의 본능을 일깨우며 우리가 태어난 자연, 그 시원始原으로 돌아가는 의식이다. 알몸으로 태어난 사람들이 옷을 만들어 옷을 입기 시작했고, 두 다리로만 이동했던 사람들이 엔진을 만들어 자동차를 탔다. 문명은 인간을 점점 더 편리하게 만들어 줬지만 그 편리함의 끝에서 인간은 문명의 노예가 되어 버렸다. 휴대폰을 집에 놔 두고 출근한 날은 온종일 좌불안석이고, 자동차가 없으면 강북에서 강남을 넘어가는 것을 해외라도 가듯 멀게 생각한다. 동물처럼 잘 발달했던 오감의 기능은 무력하게 퇴화해 가고, 키보드를 두드리는 손가락 근육만 나날이 발전해 간다.

이 기형적 육체의 퇴행과 문명의 식민을 자각한다면 지금 당장 등산화 끈을 졸라매야 한다. 걷기는 우리가 의식적 · 무의식적으로 쌓아가는 모든 문명병의 치료제이기 때문이다.

머릿속을 짓누르는 모든 고민과 번뇌는 내 발로 뚜벅뚜벅 걷는 그 순간 사라진다. 오장육부의 축소판이라는 발을 자극하면서 순전히 나의 팔의 추진력과 다리의 근력과 허리의 움직임으로 앞으로 나아가는 이 정직한 몸짓은 어느 순간에 이르러 자신이 주체적으로 살아 있다는 것을 깨닫게 한다. 내 마음대로 서

고, 내 마음대로 멈추며, 내 마음대로 방향을 틀고, 내 마음대로 속도를 조정한다는 그 단순한 주체성을 단순한 걸음 속에서 회복한다. 단순했으나 우리가 단순하게 망각했던 그 개인의지를 말이다. 모든 오감을 열어놓고 오감이 느끼는 대로 자연과 조우하는 것은, 우리 몸에서 잠자고 있는 유목민의 DNA를 하나씩 깨워 봄처럼 생동하게 하는 환희이기도 하다.

시인은 도보순례를 하며 나답게 산다는 것, 끌려다니지 않는다는 것, 작은 것에 감사해야 한다는 것, 내가 일을 하기 위해 태어난 사람은 아니라는 것, 좀 더 내 본능에 충실해야 한다는 것을 다짐했다. 특히 시에서 주목할 것은 '깨어 있음'이다. 산스크리티어로 사티(sati)라 불리는 '깨어 있음'은 명상 등 마음 치유의 핵심 화두이다. 존재(being)가 아닌 행위(doing)의 모드에 빠져 있는 현대인들은 늘 분주하고 마음은 둥둥 떠다니며 정작 자기 자신의 몸과 마음이 지금 어디에 있는지를 알아차리지 못한다. 명상의 방법 중에 보디스캔(body scan)과 건포도 명상이라는 것도 있다. 보디스캔은 온 몸 구석구석의 감각에 호흡을 불어넣으며 발가락, 손가락, 목과 정수리 등을 훑어가며 몸의 느낌을 알아차리는 것

이다. 알아차린 후에 그 모든 몸의 부위가 자신에게 행했던 수고로움에 감사하는 것이다. 건포도 명상은 우리에게 고작 마른 포도로 인식되던 건포도를 집중적으로 바라보며 그 생김새, 질감에 경이로움을 느껴 보고 건포도 속에 쌓여 있는 그 많은 시간과 바람과 태양의 역사에 경의를 표하며 건포도를 수확한 얼굴 모를 농부에게 감사의 마음을 가져 보는 것이다. 이런 주의 집중을 통하여 우리는 건포도와 같은 사소한 것에서도 또 하나의 우주가 있음을 깨닫는다. 시인이 몸의 외곽으로 돌아가 그동안 무심했던 두 손과 두 발에게 머리를 조아리며 소리와 냄새에 예민하게 반응할 것이라는 다짐은 바로 '마음챙김'과 '알아차림'이라는 중요한 자기 치유의 과정이다.

  빛의 속도로 흘러가는 시대에 걷기가 그 빛의 반대 속도로 사람들에게 사랑받고 있다는 것은 그나마 다행스러운 일이다. 오늘도 제주와 지리산과 북한산의 어드메에서는 사람들의 발소리가 아침처럼 분주하다.

/ 발가락 사이로 날개 돋는 제주, 제주 올래? 제주 올레!

  몇 년 전부터 제주가 사박사박거리는 소리로 수런댄다. 바람 소리인가, 파도

소리인가? 아니, 사람들이 걷는 소리다. 갈대숲을 헤치고 풍경을 가르며 오름의 사잇길을 더듬어 올라가는 발걸음 소리가 지금 제주에 한 가득이다.

제주에 사람의 길이 생겼다. 아니, 그 길은 처음부터 있었겠으나 이어지지 않은 길이 이어졌고 사라진 길이 불려졌다. 있는 산을 구멍 내고 숲을 뒤엎어 자동차 길을 내는 것에 분주한 세상에 바다로 향한 오솔길과 오름으로 난 숲길을 서로 맞닿게 한 이 길의 이름은 '올레'다.

서명숙이라는 전직 언론인이 도보순례의 매력에 빠져 800킬로미터 산티아고 길을 걸은 후, 올레길을 생각해냈다. 2007년 9월 서귀포시 시흥초교-광치기 해안의 1코스를 시작으로 제주의 남쪽 해안을 잇는 이 길은 제주의 서쪽 길 17코스까지 세상에 공개됐다. 총길이 343킬로미터.

그렇지 않아도 걷기 열풍이 불고 있는 이때에, '올레'는 가히 혁명처럼 제주의 여행 판도를 바꿔 놓고 있다. 수십 년째 똑같은 코스를 돌고 있는 제주도 관광버스 투어는 참제주를 느끼지도 못하면서 '이틀이면 다 볼 수 있는' 제주도의 관광 공식을 만들어냈다. 그러나 제 발로 걷는 제주, 그것도 사람의 발에게만 문을 살짝 열어 주는 제주의 길을 걸을 수 있다는 것은 제주여행의 새로운 역사가 시작됐다고 해도 크게 오버스러운 표현은 아닐 것이다.

간세다리 걸음으로 놀멍쉬멍 걷는 길

한 코스의 길이가 14~17킬로미터인 올레길은 성인의 걸음으로도 5, 6시간이 필요하다. 게다가 제주의 방언인 간세다리(게으름뱅이) 걸음으로 놀멍쉬멍(놀다 쉬다) 걷는 길이다. 그럴 수밖에 없는 것이 제주의 오묘한 풍광과 깊이가 속도의 욕구를 자꾸 무너뜨린다. 바다가 나오면 파도와 놀고, 오름에 오르면 다리쉼을 하고, 마늘밭이 나오면 그 초록에 눈길을 주느라 걸음은 좀처럼 진도를 나가지 못한다. 그것이 올레길의 매력이고, 특별함이다.

모든 코스가 각자의 특색과 다름이 있다는 것도 마치 산꾼이 이 산 저 산을 욕심내는 것처럼, 걷기의 욕망을 끊임없이 부채질하는 올레만의 장점이다.

올레길은 제주의 속살을 만질 수 있는 길이다. 태초의 제주와 연애하는 길이다.

올레는 제주의 바다를 옆구리로 하여 이어진다. 그 길은 해변에 나 있기도 하고, 갯바위 사이로도 이어지며, 오름으로 연결되는 길이기도 하다. 길 위에 핀 야생화와 침엽수림 사이를 지나, 억새로 우거진 틈새를 지나 올레 코스는 그렇게 아기자기한 맛으로 걷는 맛을 끝없이 준다.

썰물로 물이 빠진 또 다른 섬으로 우리는 새로운 올레길을 만들어낼 수 있다. 혹은 우리가 헤매면서 만들어진 그 길이 또 다른 올레길이 될 수도 있다. 이렇게 올레는 무한대로 창조적이다. 규칙이나 제한, 금기의 길은 없다. 사람이 다닌다면 그것이 바로 올레가 되는 셈이다. 올레는 사람을 위한 길, 자유가 있는 길이다. 해변 길을 걸으면 나타나는 기암괴석을 조금 더 가까이에서 볼 수 있다는 것도 올레길의 장점이다. 보는 풍경이 아니라 만지는 풍경이다.

올레길은 제주의 삶의 중심에서 시작하고 끝이 난다. 그래서 이 길을 걷는 것은 곧 제주사람의 삶을 바로 지척에서 바라보고 이해하는 시간이다. 제주의 감귤농장을 지나고, 어느 이름 모를 섬사람의 무덤을 지나며, 방목하는 말들의 농장을 지나 새파란 마늘밭 사이로 난 길은 마을로도 이어진다. 올레꾼이 방향을 잃고 서성거릴 때 주민들은 마치 제 가족에게 말하듯 다정하게 올레길을 알려준다. "절로 갑써게(저쪽으로 가세요)."

이국적이고 아날로그적인 풍경 속을 걷다

자동차로 바라본 제주도 아름답지만 올레길에서 더 가까이 바라본 제주는 상상을 넘은 환상이다. 길을 걷다 보면, 그리고 자동차는 접근조차 할 수 없는 깊은 제주 속을 걷다 보면 어느 순간 풍경화가 그려진 달력 속을 걷는 듯한 착각에 빠진다. 산과 바다와 유채와 한가로이 풀을 뜯어 먹는 말들이 모두 뭍에서는 좀처럼 보기 힘든 이국적 소품들이다.

올레길에는 가이드가 있다. 그것도 아주 많다. 게다가 도보자를 귀찮게 하는 수다쟁이도 아니다. 아예 말이 없다. 충실하게 길 안내만 해 준다. 이렇게 좋은 가이드가 도와 주니 올레길에서는 지도 따위를 읽어내느라 주변의 아름다움을 놓칠 일도 없다. 저만치 앞에서 도보자가 순간 자신의 방향을 의심할 때, 파랗고 노란 손가락으로 가야할 길을 가리킨다.

올레의 가이드는 화살표다. 그 화살표는 해변의 돌 위에, 또 어느 것은 담장과 전봇대에 못생긴 모습으로 그려져 있다. 또 어떤 것은 나뭇가지에 리본으로 펄럭인다. 우리는 그냥 앞으로 걸으면 된다. 방향이 가리키는 대로 따라가면 하나의 코스가 완성된다.

화살표는 단순히 방향만을 가리키지 않는다. 숨은그림찾기의 즐거움처럼, 전혀 의외의 순간에 다양한 지형지물에 기대서 돌발적으로 나타나는 이 기호는 도보길의 반가운 벗이다. 그래서 코스를 마친 도보자는 이후 파랑 혹은 노란색의 환영에서 쉽게 벗어나지 못한다. 이른바 올레길 화살표의 중독 증세다. 파랑과 노랑만 보면 올레가 떠오르는.

걷는다는 것은 온전히 자신의 힘을 동력으로 하여 앞으로 나아가는 움직임이다. 이 단순한 운동은 단순함의 이유로 자기의 미학을 완성한다. 누구나 할 수 있고, 가난한 자와 부자, 배운 자와 못 배운 자의 걸음이 다르지 않아 차별 없이 평등한 것이 걷는 행위다. 이 소박한 여정 길에 저 투박한 아날로그의 신호는 그래서 더 따뜻하다. 입장료도 없고, 인공의 유혹물도 없고, 번쩍이는 사인판도 없고, 그저 제 몸뚱어리의 나아감과 원형의 자연만 있을 뿐. 올레길은 이렇게 만만하고 원시적이며 역설적으로 전부가 있다.

올레길을 걸으며, 이 길을 앞에서 만든 사람들에게 진심으로 감사했다. 이것은 그들이 만든 위대한 업적이며 거대한 역사라는 생각도 했다. 그들의 노고와 열정이 올레길 곳곳에 땀으로 배어 있었다. 덕분에 우리는 제주의 품에 덥석 안겨 이렇게 걸음의 호사를 누릴 수 있게 됐다. 제주의 너른 품에서 우리는 아기처럼 아장아장 걸음마할 수 있게 됐다.

제주도 정보

제주도 싸게 가기
제주도를 싸게 가기 위해서는 우선 저렴한 항공권을 구하는 것이 상책이다. 제주항공, 진에어 같은 저가항공은 출발 스케줄에 따라 최대 80%까지 할인이 가능한 탄력요금제를 시행하고 있다. 물론, 평일에 출발해야 하고 제주는 늦게, 김포는 일찍 도착해야 하는 좋지 않은 일정은 감수해야 한다. 또한 여행 계획을 일찍 세워 항공사의 얼리버드 프로모션을 이용하면 편도 1만 원짜리 항공권도 구할 수 있다.
제주 여행시 현지 교통에 가장 큰 비중을 차지하는 렌터카의 경우에도 각 회사별로 최대 30%까지 회원할인을 해 주는 경우가 있으며, 최근 모 렌터카 회사에서는 경차를 1일 16,800원에 대여해 주고 있다. 입장료의 경우 일행 중 학생과 노인이 있다면 복지카드와 학생할인을 잘 이용해 보는 것이 좋다.

올레길 고르기
그 많은 올레 코스 중 나에게 맞는 곳은 어디일까? 시간이 많고 체력이 좋다면야 올레길 완전정복 하듯 하나씩 도전해 보는 것도 좋지만, 일반적으로 그런 환경을 가진 여행자는 많지 않을 것이다. 우선은 여행 전 올레 홈페이지를 통해 각 코스의 특성을 먼저 살펴보는 것이 좋다(www.jejuolle.org).
올레길 초보자들이 가장 많이 찾는 코스는 외돌개에서 시작해 월평 올레길까지 뻗은 16.4km의 제7코스다. 외돌개, 돔베낭길, 수봉로, 월평포구 등 다양하고 아름다운 제주 풍경의 종합 패키지라고 불릴 만한 길이다. 1코스인 시흥-광치기 올레는 가장 먼저 열린 길이라는 의미가 있으며, 9코스인 대평-화순 올레는 제주에서도 가장 아름다운 계곡인 안덕계곡을 볼 수 있다. 10코스는 화순해수욕장에서 시작해 송악산을 넘는데 바다와 오름을 함께 감상하고 마라도와 가파도를 조망할 수 있어 인기가 좋다.

올레길 복장
트레킹화나 등산화 등 걷기에 가장 편한 신발을 준비해야 한다. 올레를 위해 새로 산 신발보다는 자기 발에 길들여진 신발이 좋다. 겨울을 제외하고는 샌들을 준비하면 바닷물에 발을 담글 수 있어 올레길이 더 재미있다. 제주 날씨는 계절과 관계없이 바람이 많이 불기 때문에 비옷과 바람막이 옷은 필수다.

식당·숙소
올레길 요소요소에 현지 음식점 등이 있다. 숙소 역시 찜질방부터 저렴한 유스호스텔, 최고급 호텔까지 여행자가 자신의 경비에 맞게 선택할 수 있다. 위에서 소개한 올레 공식 홈페이지에 가면 각 코스별로 식당과 숙소 정보를 만날 수 있다. 이 중 여행자에게 인기 있는 식당을 추천한다면 보목해녀의 집의 자리물회(064-796-3959), 한림읍 만민식당의 해물뚝배기(064-796-4473), 숙이네 보리빵(064-799-1777) 등이 있다.

하늘에서 가까운 예술 마을

| 낙산 |

파안

| 고재종

마을 주막에 나가서
단돈 오천 원 내놓으니
소주 세 병에
두부찌개 한 냄비

쭈그렁 노인들 다섯이
그것 나눠 자시고
모두들 볼그족족한 얼굴로

허허허
허허허
큰 대접 받았네 그려!

/ 같이 있다는 이유만으로 세상을 다 가졌던 시절

　술 마시자는 표현 중에, '대포 한 잔 하자' 라는 말이 있다. 그 어감이 너무 정겹고 친근해서 친구들에게 종종 쓰는 말이다. 그렇게 말할 때 머릿속으로 막걸리가 그득 담긴 찌그러진 주전자와 잘 익은 배추김치 한 접시, 낮은 천장에 걸려 있는 환한 형광등과 좋은 사람들의 넉넉한 웃음이 그려진다. 생각만으로도 벌써 배가 불러오고 기분 좋게 취해 버린다. 그런데 그 감상보다 더 꽉 찬 울림이 이 시 속에 있다.

　가난한 시인의 주머니 속에는 어쩌면 몇 끼니의 식량 값으로 오천 원짜리 한 장이 꼬깃하게 접혀 있었을 것이다. 시인은 라면을 사러 가게를 가고, 가게 앞 평상 위에는 하릴없이 앉아 햇볕을 쬐는 노인들이 앉아 있다. 고향에 계신 늙은 아버지가 생각났을까, 아니면 그들의 하염없는 무료가 애틋했을까. 라면을 살 돈으로 어르신들에게 약주를 받아 올리는 시인의 마음, 그리고 고작 오천 원의 술상을 받고도 얼굴이 펴지도록 환하게 파안 미소하는 노인들의 모습이 이 아름다운 시를 가득 채운다.

이는 빠지고 얼굴 한가득 주름이 졌겠지만 입을 벌리고 허허허 천진하게 웃는 노인은 시인의 마음만큼이나 사랑스럽다. 소주 세 병에 두부찌개 한 냄비에도 큰 대접을 받았다고 감사하는 노인의 소박함은 시인의 영혼만큼이나 맑고 깨끗하다. 5천 원의 선심을 쓴 시인은 그 돈으로 절대 살 수 없는 노인들의 긍정성을 말로 받았으니, 서로가 서로를 대접한 셈이다. 이래저래 행복한 파안이다.

생각해 보면 우리가 이만큼이나 잘 먹고 잘 살게 된 것이 불과 30년도 안 된 시간이다. 보릿고개가 있었고, 혼분식으로 도시락을 싸야만 했던 시절도 있었다. 데이트 비용이 없어서 하루 종일 둘이 걷고 또 걷다가, 라면 하나 시켜서 서로 먹으라고 했던 추억도 우리의 기억 속에 선명하다.

그런데 지금 돌이켜 봐도 그 곤궁한 시절이 불편했었을지언정 불행하다고 생각되지는 않는다. 물질이 주는 만족감은 늘 상대적인 것이어서, 지금 우리의 풍요는 늘 나보다 더 풍요롭게 보이는 이웃 앞에서 초라하고 불만스러운 속성이기 때문이다. 시인과 다섯 명의 노인처럼 너나없이 가난했던 평등한 불편쯤은 얼마든지 참아낼 수 있었겠고, 실제로 그렇게들 살아 왔다. 덕분에 우리는 세상에서 가장 맛있는 짜장면의 기억과 추운 겨울날 연인과 함께 호호 불며 먹었던 길거리 어묵의 추억을 가지고 있게 된 것이다.

일요일 저녁이면 아파트단지 앞 패밀리 레스토랑과 식당에는 중년의 부부가 아이를 하나 둘 앉혀 놓고 스테이크를 썰고, 고기를 구우며, 감자탕을 먹는다. 식탁 위에 음식은 넘치지만 정작 부부끼리, 가족끼리 나누는 대화는 거의 이어지지 않는다. 5만 원의 외식비를 내고도 5천 원의 웃음을 짓지 못하는 것이 우리의 초상이다. 그러므로 어떠한가. 오늘 자동차 열쇠와 두꺼운 지갑일랑 집에 던져 두고, 낡은 운동화를 꺼내 서로의 끈을 묶어 준 후 오랜만에 그 옛날 가난한 데이트를 재현해 보는 것이. 같이 있다는 이유로 세상이 천국이었던 그 마음을 다시 한 번 되살려 보는 것이⋯.

/ 가난했지만 행복했던 연인처럼 낙산 예술길을 걷다

낙산이라는 동네가 있다.

가난한 서민들이 낙타의 등 모양으로 다닥다닥 붙어서 살았던 곳, 타이밍 한 알에 졸린 눈을 비비며 밤새 미싱을 돌리던 소녀들이 있었던 곳. 그리고 지난 2006년 '낙산 공공 미술 프로젝트'라는 작업 덕분에 지금은 마을 전체가 미술관이 돼 버린 곳. 그곳이 종로구 낙산이다. 이화동에서 낙산공원까지를 '낙산 예술길'이라고 부른다.

이 데이트 코스는 혜화동 서울사대부속초등학교에서 시작한다. 학교의 돌담을 끼고 이화동 주민센터를 지나 조금만 올라가면 이화장이 나온다. '이화장'이라니까, 누군가는 여관이냐고 물어 보던데, 차라리 그 질문은 애교 있다. 네이비에 이화장을 치니까 지식인 왈, '이 화장 어떻게 해요?', '학생이 화장 예쁘게 하는 법', '이 화장 이름이 뭔가요?' 등이 검색된다.

이화장은 대한민국 초대 대통령 이승만이 미국에서 귀국 후 8개월 정도 살았던 곳이고 대한민국 초대 내각이 구상된 곳이다. 이곳은 전화 예약을 반드시 해야 내부와 기념관 등을 볼 수 있다. 사실 우리의 코스에서 이화장은 일종의 안내판 역할을 할 뿐이다. 이화장을 바라보고 바로 우측으로 본격적인 예술길이 시작된다.

본격적인 투어, stairway to Naksan의 시작

이제부터 골목의 담벽, 언덕으로 오르는 계단, 집의 외벽 등에서 만나는 그림들이 눈을 즐겁게 한다. 캔버스가 된 벽들을 구경하는 재미가 뭉친 다리 근육을 물렁하게 한다. 그림이 외부의 지원으로 이 마을의 심성에 내려앉은 단비라면 녹색의 그늘은 주민들이 스스로 찾아낸 투박한 삶의 위로다. 옹기종기 모여 있는 집들의 그 작은 공간에 집주인의 개성대로 꾸민 삶의 정원. 그 정원을 어린 아이처럼 훔쳐 보는 것도 재미있다.

예술은 삶을 위로할 수 있지만 삶을 대체할 수는 없다. 여전히 이곳은 소규모 봉제공장의 맥이 이어지는 곳이다. 미싱사를 구한다는 벽보가, 문 열린 공장에서 들리는 재봉틀 소리가 낙산의 풍경을 채우는 생생한 소품이다. 계단 끝 구멍가게를 지나 좌측으로 가면 조형물 길이 나오고 직진을 하면 굴다리를 통과한다. 어느 쪽을 선택하든 구멍가게에서 좌도 아니고 직진도 아닌 오른쪽 길을 놓치지 말자. 꽃 계단길이 바로 거기 있으니 사진이라도 찍고 가자.

중앙광장으로 가는 조형물 길에는 백민준의 '가방을 든 남자와 강아지'를 위시하여 다양한 조형물이 길 한쪽에 도열해 있다. 지상에서 멀어진 곳, 하늘에서 가까운 곳에서 예술이라는 이름으로 만나는 모든 것들은 사랑만큼 배부르고 풍성하다. 장선환의 '연인'도 조형물 길의 끝에서 만난다.

이제 중앙광장이 나오면 본격적인 낙산공원 안에 포위된다. 전망을 즐기면서 땀을 식히고 느긋한 휴식을 가져 보자. 젊은 날의 그때였다면 아마도 눈 아래 보이는 집들을 보며, 우리도 나중에 저런 집에서 살자는 류의 대화를 나눴을 것이다. 오래된 앨범 속 사진을 보듯 그때 함께 나누었던 빛바랜 추억들을 이 언덕으로 다시 불러와 보자. 공원을 천천히 산책하며 낙산정, 조선시대 김치를 잘 담갔다는 홍춘이 궁녀의 밭, 서울 성곽의 유려한 흐름 등도 둘러보자.

주머니 속으로 슬그머니 들어오는 행복 한 조각

이제 놀이광장 입구에서 03번 마을버스를 탄다. 내릴 곳은 창신초등학교. 낙산에서 세 정거장이다. 이 근처에는 유명한 냉면집이 두 곳 있다. 깃대봉 냉면과 낙산 냉면. 창신초등학교에서 내리면 길 건너 바로 앞이 깃대봉 냉면이다. 낙산 냉면은 다음 정거장인 동묘역이 더 가깝다.

어쩌면 흔한 것이 냉면이다. 누구나 한두 개씩 최고의 냉면집을 알고 있다. 그러나 그런 집의 냉면은 맛은 있을지언정 한 그릇 가격이 1만 원을 쉽게 넘는다. 음식이 주는 또 다른 맛, 낭만은 고명 위에서 실종됐다. 다행히도 위에 소개한 두 곳은 어린 시절 초등학교 앞에서 불량식품을 맛있게 먹던 느낌으로(당연히 이곳 냉면이 불량식품이라는 뜻은 아니다), 값싸면서도 개성 넘치는 냉면의 맛과 낭만을 즐길 수 있다.

만일 냉면을 포기하겠다면 야외 콘서트를 무료 관람한다. 5월과 10월에는 매주 금·토요일 6시 30분에, 6월에서 9월까지는 역시 매주 금·토요일 7시 30분에 낙산공원 중앙광장에서 상설 야외 공연이 펼쳐진다. 대규모 오케스트라의 공연이거나, 유명한 연주자가 출연하는 공연은 아니지만 노천의 공원에서 어둠 속에 울리는 악기 소리를 듣는 것도 꽤 운치가 있다. 식사는 공연을 듣고 대학로로 내려와서 하면 된다.

삶 속에서 이런저런 이유로 불화하고 단절되었던, 그러나 한때는 가난해서 행복했던 사람들이여, 일부러 주머니를 비웠을 때, 그 주머니 속으로 슬그머니 들어오는 행복 한 조각이 만져지지 않던가? 만일 아니라면, 옆에 있는 사람의 손을 꼭 잡고 당신의 빈 주머니 속으로 끌어넣어라. 바로 그 손이 행복이리니.

낙산 정보

낙산 예술길 데이트 코스
코스 1 : 기본 코스 | 서울사대부속초등학교 담장 길 → 이화장 → 굴다리 벽화 길 → 조형물 길 → 낙산공원 중앙광장 - 흥춘이 밭 → 서울 성곽 → 마을버스 타고 냉면 먹으러
코스 2 : 변형 코스 | 서울사대부속초등학교 담장 길 → 이화장 → 굴다리 벽화 길 → 굴다리 통과 → 놀이광장 → 중앙광장 야외 콘서트 → 조형물 길 둘러보기 → 동숭치안센터 방향, 대학로로 내려옴

주변 맛집
깃대봉 냉면(02-743-7285) 40년 전통의 6단계 매운맛 냉면, 만두를 시켜 국물에 비벼 먹는 재미. 창신역 4번 출구에서 동묘역 방향으로 내려오다 왼편 낙산공원에서 3번 마을버스를 타고 창신초등학교 하차 후 맞은편
낙산 냉면(02-743-7285) 예전에 집에서 어머니가 해 주던 오이가 잔뜩 들어간 매운 냉면 맛. 지하철 동묘역 9번 출구 두산아파트 방향 50m 종로구민회관 맞은편

2장 사랑했고, 사랑하고, 사랑할 것이다

나를 버리고 떠난다 보길도
소중한 사소함을 찾아서 약수동
시인과 동백과 상사화가 있는 곳 선운사
맑고 향기로운 삶 길상사
사람에 대한 간절함을 안고 떠나는 여행 지심도
섬에서 게으르게 무위도식하기 선유도

나를 버리고 떠난다

| 보길도 |

건강한 소통이란 그와 나 사이에 서로의 섬이 있음을 담백하게 인정하는 것이다. 그것을 인정하고도 그 섬에 가겠다는 의지보다는 가고 싶다고 염원만 했던 시인의 마음을 닮는 것이다. 사랑은 그것만으로도 충분하다.

섬

| 정현종

사람들 사이에 섬이 있다
그 섬에 가고 싶다

/ 손에 닿는 순간 모양이 변해 버리는 사랑

섬은 바다와 육지에 난 독립 공간이다. 섬을 사이에 두고 바다는 바다가 되고 육지는 육지가 된다. 육지가 바다를 메우는 순간 섬은 섬이라는 이름을 버려야 한다. 즉 섬은 육지의 인정 속에서 섬이 된다.

사람은 늘 사람과 소통하기를 갈망한다. 홀로 있음을 견디지 못하고 타인에게 자신의 존재감을 늘 확인받으려 한다. 최근의 트위터와 페이스북 등의 SNS 서비스는 디지털 시대에 인간이 찾아낸 소통의 방법이다. 사람들은 그곳에서 혼잣말을 하고 누군가의 독백을 들으며 서로 반응하고 대화한다. 그러면서 자신이 살아있음을 확인하고 안도한다.

물론 고전적인 시각으로 본다면, 이것을 완전한 소통이라고 말하기 어렵다. 대면의 접촉도 없이 알지도 못하는 누군가와 친교를 맺는 행위가 어떻게 소통일 수 있느냐고 반문할 수 있다. 일견 타당한 지적이다. 소통의 가장 극점은 사랑이고, 사랑은 보고 느끼고 만지면서 싹이 트며 자랄 수 있기 때문이다.

그럼에도 이들 사회적 관계망이 가지고 있는 미덕이 있다. 바로 사람과 사람

사이에 섬을 놓아 둔다는 것이다. 그러면서 아름다운 거리감을 유지하려 한다는 것이다. 그런 면에서 온라인에서 빚어지는 관계 맺기는 펄펄 끓지는 않지만 생각보다 안정적으로 길게 유지된다. 역설적으로 이 말은 오프라인 세상에서 우리는 과욕過慾했다는 뜻이다. 누군가를 사랑할 때, 대상이 연인이든 배우자든 자식이든 상관없이 내가 그를 사랑한다면 그와 나는 온전히 하나여야 한다고 생각한다. 하나가 되지 못함은 불완전이고 사랑의 부족이라며 불안해한다. 그 섬에 닿지 못함을 홀로 서운해 하고 분노하며 외로워한다.

그러나 그것은 태양을 향해 날아가는 이카루스처럼 인간의 무모한 욕망이다. 그 과잉된 욕심이 인간을 고독하게 한다는 것을 우리는 직시하려 하지 않는다. 진정한 고독의 발원은 그와 내가 하나가 되지 못했기 때문이 아니라 하나가 될 수 없음에도 하나가 되려 하는 무모한 시도에서 온다는 것을 인정하려 않는다.

건강한 소통이란 그와 나 사이에 서로의 섬이 있음을 담백하게 인정하는 것이다. 그것을 인정하고도 그 섬에 가겠다는 의지보다는 가고 싶다고 염원만 했던 시인의 마음을 닮는 것이다. 사랑은 그것만으로도 충분하다. 사랑도 손때를 타고 손독으로 인해 훼손되는 보통의 물질이다. 정말 사랑한다면, 난이나 꽃에게 하듯 많이 만지려 말고 자주 바라보라.

/ 섬이라 불리는 아름다운 거리감, 보길도

임철우의 소설 〈그 섬에 가고 싶다〉의 실제 배경이 된 섬, 보길도를 간다.
보길도 여행은 대부분 해남 땅끝 마을에서 시작한다. 서울에서 아침 일찍 출발했다면 간단히 해남 땅끝 전망대를 둘러보고 갈두항에서 보길도 가는 배를 탈 수 있다. 보길도까지 약 50분이 걸린다.

  섬으로 들어가는 뱃길은 늘 '버리고 떠나기'와 같은 감상을 여행자에게 주지만 보길도는 그 감상의 농도가 조금 더 진하고 실체적이다. 보길도는 어쩐지 '유배' 혹은 '출가'처럼 완전하게 육지와 인연을 단절하는 기분을 준다. 그것은 아마도 보길도를 가기 위해 땅끝에서 배를 탔고, 땅끝보다 더 먼 섬을 가고 있으며, 윤선도나 송시열 등과 같이 실재 인물이 유배를 했던 섬이기 때문일 것이다.

  그런 특별한 기분도 좋고, 제주도로 낙향을 하던 윤선도가 그 경치에 넋을 빼앗겨 목적지를 바꿔 버렸다고 하니 단순한 마음으로 흘러가는 풍경을 즐겨보는 것도 좋겠다. "내일이 또 없으랴 봄 밤이 몇 번 새리 / 배 붙여라 배 붙여라 / 낚대로 막대 삼고 시비를 찾아보자 / 지국총 지국총 어사와…"라 노래한 어부사시사의 한 구절을 떠올려 보면서 말이다.

  타원형의 보길도는 청별항을 기준으로 왼쪽(서편)은 세연정과 보옥리 방향, 오른쪽(동편)은 예송리 방향이다. 어디에서부터 여행을 시작하든 그것은 여행자 마음이다. 서편은 세연정, 동천석실, 솔섬, 망끝 전망대, 보옥리 공룡알해변 등이 주요 볼거리가 되고 동편은 예송리 해수욕장, 통리 해수욕장, 중리 해수욕장, 송시열의 글썬바위가 핵심 관광지가 된다.

청별항 동쪽, 예송리 해수욕장

예송리 해수욕장은 보길도에서 가장 유명세를 타고 있는 곳이다. 특히 80년대 민중문학을 대표했던 임철우의 소설 〈그 섬에 가고 싶다〉를 기억하고 있다면 예송리는 더 특별할 수 있다. 그 무대가 바로 예송리이기 때문이다. 굳이 그 책을 기억하지 못해도 상관없다. 예송리는 돌로 유명해졌으니 예쁜 돌과 바다를 실컷 즐기면 된다. 보석처럼 까만 돌들로 뒤덮인 해변, 그리고 돌과 파도가 만나서 내는 자그락자그락 싱싱한 음향, 한참을 들여다보고 있어도 질리지 않는 소담함과 정겨움의 바다를 예송리에서 만날 수 있다. 예송리 고갯마루 정자에서 사진을 찍으면 멋진 풍경을 얻을 수도 있다.

해수욕장을 좀 더 보자. 어차피 보길도에서 가장 핵심은 예쁜 바다이다. 게다가 보길도 해수욕상은 100해海 100색色이다. 공룡알 닮은 돌 무리의 보옥리, 검은 자갈의 노래를 들을 수 있는 예송리, 그리고 흰 밀가루를 뿌려놓은 듯 곱디고운 통리 해수욕장 등 그 모습들이 다 제각각이다.

통리 해수욕장은 청별항 동쪽으로 조금만 가다 보면 만날 수 있다. 여름에도 좋지만 통리는 가을이나 겨울철 한적한 분위기에서 더 멋진 자신의 진가를 드러낸다. 그 넓은 백사장이 온통 여행자의 전유물이라고 생각해 보라. 생각만으로도 풍경의 부자가 된 느낌이 들지 않는가? 이 넓은 바다의 운동장에서 사람들은 너나없이 사랑의 메시지를 쓰고 하트 모양을 그린다. 몇 시간 후 파도는 하얗게 웃으며 사람들이 남긴 어여쁜 사연을 사탕처럼 쭈욱하고 핥아 먹을 것이다. 통리의 파도는 사랑을 먹고 산다.

통리에 비해 작고 아담한 중리 해수욕장을 지나면 송시열의 글썬바위로 가는 이정표가 보인다. 의외로 꼭꼭 숨어 있으니, 조금은 긴장하고 찾아봐야 한다. 물론, 바위라는 것이 뭐 특별히 볼만한 꺼리는 아니다. 커다란 바위가 하나 있고 글이라는 것도 마치 숨은 그림처럼 조그맣게 쓰여 있는 게 전부. 오히려 도

로 끝 주차장에서 바위까지 가는 산길과 바위에서 보는 보길도 바다 풍경이 더 멋지다.

그러나 인물의 배경적 지식을 가지고 있다면 단순한 바위는 사소하나마 자기 의미를 갖게 된다. 송시열, 이분의 운명도 참 기묘하다. 숙명의 맞수 윤선도를 삼수로 유배까지 보내 놓고는 그 라이벌이 생을 마감한 이곳 보길도가 자신 유배 길의 표류지가 됐으니 말이다. 그러니 바위의 글들이, "여든셋 늙은 몸이 멀고 찬 푸른 바다 한가운데 있구나"로 시작되는 구구절절 신세 한탄일 수밖에. 그래서 바위는 말하고 있는 것이다. '인간사 새옹지마' 라고.

청별항 서쪽, 세연정

예송리가 바다로서 보길도를 대표한다면 세연정은 건축물로서 보길도를 대표한다. 면적 3천 평의 윤선도 개인 정원이 세연정이다. 물과 바위와 정자와 소나무, 대나무가 오밀조밀한 모양으로 세연정을 구성하고 있다. 도시적이고 계획적이며 세련된 느낌이다. 세연정은 세연지와 회수담 두 연못 사이에 서 있는 정자인데 정면 3칸, 측면 3칸의 세연정에서 가장 눈길을 끄는 것은 판문이다. 판문을 열면 윗부분이 처마에 달리고 아랫부분은 땅에 늘어지는 조선시대 건축 양식의 독특함을 잘 감상할 수 있다.

세연지에는 인공섬, 칠암, 혹약암 등 윤선도의 호사한 취미를 보여주는 소품

들이 그득하다. 그러나 이 세연정의 용도를 한눈에 짐작하게 한 것은 기녀들이 춤을 추고 국악을 연주했던 무대인 동대와 서대가 아닐까 싶다. 보길 초등학교 담을 끼고 올라가는 동천석실이 윤선도의 비밀요정이었다고 한다면 세연정은 거의 공개적인 에로틱 공간이었다는 소리다.

중앙에서 소외되어 낙향한 말년의 초상이 저러했다면 그분은 개인적으로 꽤 복 받은 어르신이었겠으나, 땅끝에서조차 밀려난 이 먼 섬까지 와서 이런 화려한 정원을 지었을지를 생각하면 교과서에서 읽었던 그 어른의 도교적이고 관조적인 시조차 허세가 아닐까 의심된다.

보길도 여행에서 빼놓을 수 없는 곳이 바로 보옥리 해변이다. 만일 아이를 동반한 여행이라면, 아이들이 특히 좋아하는 곳이 바로 이곳이다. 왜냐하면 이곳에 자연 속에 방치된 그대로의 모습으로 공룡알들이 아주 많기 때문이다. 물론 여기서 공룡알이란 돌을 말한다. 생긴 것이 꼭 공룡알처럼 크고 둥글둥글해서 공룡알이라 불리는 돌들인데 크기와 모양이 제각각이다. 수박만 하거나 아기 주먹만 하거나, 달처럼 동그랗거나 넓적데면하거나, 거무튀튀하거나 푸른 바다색이거나 이렇게 다양한 놈들 위를 비틀거리며 걷는 기분도 아주 색다르다.

일몰은 망끝 전망대에서 멋지게 감상할 수 있다. 꼭 일몰이 아니더라도 그곳

에서 바라보는 바다는 막힘없이 나아가고 가늠 없이 폭넓어 보고만 있어도 눈에서 말 한 마리가 펄쩍 뛰어나와 저 바다에 풍덩 빠져 버릴 것 같다.

보길도 정보
보길도 www.bogildo.com

찾아가는 길
땅끝 마을 갈두항에서 보길도를 가는 방법은 두 가지다. 하나는 노화도까지 배를 타고 간 후 보길대교를 건너 보길도까지 육로로 이동하는 방법이고 나머지는 보길도까지 바로 배를 타고 가는 것이다. 마지막 배가 오후 5시 40분이며 아침 7시부터 거의 30분에 한 대씩 운행한다. 요금과 운항 시간표 등은 해광운수 홈페이지(www.haegwang.kr)를 참조하거나 전화 061-535-5786으로 문의한다.

현지 교통
버스 3대(061-53-7077), 코란도 택시 5대(011-641-6353 전광록 기사 / 011-625-6262 박맹대 기사)가 섬 안에 준비되어 있으며 짧은 거리라면 자전거를 빌릴 수도 있다.

주변 맛집
보길도는 섬이라는 특성상 음식문화의 발달을 기대하는 것 자체가 무리다. 자장면, 순두부백반, 된장찌개 등 전국적 메뉴가 있고, 청별항 앞에 대형 횟집들이 몰려 있다. 그 중 중리에 위치한 태성수산(061-554-6962)과 예송리 해수욕장 입구의 은희네집 전복죽(061-553-6370)이 나름 유명하다.

숙소
보길도는 민박이 대세다. 성수기 때는 5~6만 원, 비수기 때는 2~3만 원의 숙박비를 받는다. 여행 동선을 고려해서 어느 곳에 있는 민박을 고를지를 결정하는 것이 좋다. 세연정 지역에 황원포 민박(061-553-6353), 어부사시사 민박(061-553-5019) 등이 있고 예송리에는 파도소리 민박(061-553-6418)이 있으며 통리 해수욕장 지역에 부자네 민박(061-553-6276) 등이 있다. 보길도 닷컴(www.bogildo.com)에서 더 많은 숙소 정보를 얻을 수 있다.

소중한 사소함을 찾아서

| 약수동 |

즐거운 편지

| 황동규

1

내 그대를 생각함은 항상 그대가 앉아 있는 배경에서 해가 지고 바람이 부는 일처럼 사소한 일일 것이나 언젠가 그대가 한없이 괴로움 속을 헤매일 때에 오랫동안 전해 오던 그 사소함으로 그대를 불러 보리라.

2

진실로 진실로 내가 그대를 사랑하는 까닭은 내 나의 사랑을 한없이 잇닿은 그 기다림으로 바꾸어 버린 데 있었다. 밤이 들면서 골짜기엔 눈이 퍼붓기 시작했다. 내 사랑도 어디쯤에선 반드시 그칠 것을 믿는다. 다만 그때 내 기다림의 자세를 생각하는 것뿐이다. 그동안에 눈이 그치고 꽃이 피어나고 낙엽이 떨어지고 또 눈이 퍼붓고 할 것을 믿는다.

/ 진실로 소중한 것은 사소함의 얼굴을 갖는다

　세상의 행복은 거창하고 대단한 명예와 재산, 권력 속에 있는 것이 아니라 사실은 일상 속 아주 사소한 것에 있더라는 교훈은 수많은 영화와 그림과 소설과 시를 통해 전달되어 왔다. 영화 중에는 〈아메리칸 뷰티〉라는 작품이 있다. 중년에 접어든 한 남자가 전차처럼 달려가는 자신의 삶에 회의를 느껴 수많은 일탈과 기행을 벌이는 것으로 인생의 답을 찾으려 한다. 그러나 세상의 모든 쾌락과 감각은 결코 그의 구멍 난 마음을 채우지 못한다. 마지막 그가 죽어가면서 기억해내는 것은 딸아이의 해맑은 미소와 아내의 얼굴이다.
　한국의 화가 김호석은 사실적인 가족의 풍경을 통하여 사소한 행복을 간결하게 그려낸다. 〈느낌〉에서는 엄마에게 귀를 맡기고 잔뜩 인상을 찡그리는 아이가 나오고, 엄마는 아이가 행여나 움직일세라 소리를 지르며 아이의 귀를 판다. 그 옆에서 누이는 모자간의 다툼을 걱정의 눈빛으로 쳐다본다. 〈수박씨를 뱉고 싶은 날〉 역시 한 여름밤 서민의 안방 풍경을 생생하게 보여 준다. 신문을 깔아 놓고 대충 속옷 바람으로 둘러앉아 아이들은 마치 시간이 멈춰진 듯 느긋하고 편안하게, 그러나 엄마는 신문에 난 대통령 아들의 비자금 횡령 기사에 미간을 찌푸리며 수박을 우악스럽게 먹는다. 두 개의 그림 모두 사내아이와 계집아이가 한 명씩 등장하는데, 그들은 나중에 성년이 되었을 때 엄마가 귀를 파 주고 다 같이 수박을 먹던 그 사소함을 가슴 속에 깊이 묻어 둔 채, 힘이 들 때마다 한 번씩 꺼내 보며 힘을 얻을 것이다.

기약 없이 기다리는 사랑

사소한 것은 사소한 이유로 우리 관심의 안쪽이 아닌 바깥을 둘레둘레 서성인다. 그러다 어느 순간 우리가 그 사소함을 필요로 할 때, 그 사소함은 어느 순간 소중함이라는 이름으로 개명을 하고 우리 앞에 다가온다. 행여라도 그 사소함이 우리의 부름에 응답하지 않을 때 우리는 분노를 느끼기도 하고 절박함의 기도를 하기도 하다가 그 사소함이 얼마나 대단한 것인지를 비로소 깨닫는다. '개똥도 약에 쓰려면 없다'라는 말은 차라리 애교스럽다. 갑자기 찾아온 암세포가 내 몸을 갉아먹을 때, 거리를 활보하며 걷는 세상의 모든 사람에게 살의 담긴 질투를 느끼며 자신의 병에 분노한다. 건강이 얼마나 소중한지를 깨닫는 것은 건강을 잃어버린 바로 그 순간인 것이다.

그렇게 보면 애초부터 사소한 것은 없었는지도 모른다. 너무나 중요한 것이었기에 언제나 우리 주변에 있었던 것이고, 우리 주변에 늘 있어왔기에 우리는 그 중요성을 잊고 있었던 것이다. 우리에게 사소함의 이름으로 불리는 그 모든 것들은 그런 의미에서

참 마음이 넓다. 그들은 세상 사람들이 자신을 사소하게 본다는 것에 연연하지 않는다. 오히려 넓은 포용력으로 자신의 대우를 기꺼이 수긍한다. 그래서 다행이다. 그렇지 않았다면 우리는 콧대 높은 물과 한껏 눈 높은 공기에게 전전긍긍하며 고단한 삶을 살고 있을 테니까.

　사랑도 그렇지 않은가? 사랑도 물과 공기처럼 소중한 것이나, 사랑은 사람들에게 사소함의 위치에 놓아줄 것을 요구한다. 사랑에 모든 것을 걸면 그 사랑은 집착과 자기 욕망으로 타락할 것이라고 주의를 준다. 그저 사소한 일상으로 상대를 떠올리거나 기약 없이 상대를 기다리는 것이 사랑이라고 말한다. 시인은 우리가 사랑을 사소한 기다림으로 전환시키면 한계 있는 사랑이 마침내 무한無恨한 무한無限을 획득하는 것이라고 말한다. 그 기다림의 시간동안 환희와 절망과 기대와 실망이 반복되더라도 숨을 쉬듯 소소함의 기다림을 갖는다면 그 사랑은 역시 무한히 무한한 것이 되는 것이며 그때 당신에게 오는 어떤 편지도 즐거운 편지가 되는 것이라고 시인은 말한다.

/ 감상이 파도를 탈 때 우리는 약수동 행 전철을 탄다

　느닷없이 떠나고 싶을 때가 있다. 이곳만 아니라면 어디라도 좋겠지만, 기왕이면 '낯섦'이 주는 공간으로 달아나고 싶을 때가 있다. 그러나 저녁 일곱 시 퇴근 시계를 가진 사람들은 우울하다. 그들에게는 도피의 충동보다 내일 아침 출근의 자명종시계가 더 절박하기 때문이다. 강화도의 외포리나 인천의 소래포구, 양수리의 북한강변처럼 한 시간이면 내달릴 수 있는 곳조차 그들에게는 멀다. 불 꺼진 가로등의 투박한 골목길에서 방황처럼 취하고 싶은 욕망은, 그래서 사치다.

　주변의 누군가를 불러내 소주 한 잔으로 이 허기를 대신하려 한다. 그러다가, 어디서 마실까의 물음에서 훅하고 느껴지는 답답함의 열기. 늘 가던 종로3가의 포장마차, 을지로의 골뱅이집, 압구정동의 오뎅바, 그 어디라도 바글대는 통조림 속의 영원히 부패하지 않는 복숭아로 던져지는 기분. 어제의 사람들이 지겹고, 그제의 풍경이 지루하고, 엊그제의 소음이 짜증스럽다. 술 마시기 전부터 의욕이 사라진다. 낯선 곳으로, 조금이라도 낯선 곳으로, 내 활동지의 반경 안에서 그런 곳은 과연 없는 것일까?

여행지의 색깔과 닮아 있는 곳, 약수동

　있다. 뜬금없는 소리겠지만, 그곳이 약수동이다. 지하철 3호선과 6호선이 만나는 곳. 종로와 을지로와 충무로와 동대 입구, 약속 장소를 가기 위해 단지 스쳐 지나갔던 바로 그 약수역이다. 그곳에 무엇이 있기에? 당신이 찾던 낯설음이 있다. 그 말 자체가 낯선가? 그렇다면 당신이 느껴 볼 수밖에.

　바람 부는 날이면 가야 한다는 압구정과 종로권을 지척에 두고도 약수동은 약수동만의 색깔을 가지고 있다. 자본이 부리는 욕망에는 몇 발짝 멀어져 있고, 덕분에 사람들의 관심과 시선에서도 멀찍이 서 있다. 그리고 특이하게도 그 색깔은 여행지의 색깔과 많이 닮아 있다.

　약수동에 밤이 내리고 술기운이 오르면 포구의 냄새가 맡아지는 것 같기도 하고, 파도 소리도 슬쩍 들리는 것 같다. 그러니까 이 근처 어딘가에 너른 바다가 있어 사람들은 모두 아침이면 고기를 잡으러 떠난다거나, 또 다른 여행지를 향해 배낭을 챙길 것 같은 부산스러운 활력이 거짓말처럼 느껴지는 것이다. 그 이유를 알 수 없다만, 알아야 할 이유도 또한 없다.

　약수역 5번 출구 오른쪽으로 약수시장이 펼쳐진다. 낮의 풍경은 어떠할지 모르겠지만 밤에는 야외 술판이 반딧불처럼 놓여진다. 술꾼 중에는 시장통을 좋아하는 사람이 많다. 사람 많은 집결지의 야박함과 몰개성이 싫어 시장을 찾는다. 광장시장이나 남대문시장, 공평시장 등은 빈대떡이나 족발, 전 등으로 이미 밤의 유명세를 톡톡히 치르고 있다. 삶의 현장에서 서민의 소박함으로 마시는 탁주 한 잔이 이들에게는 그리웠던 것이다.

그런데 약수시장은 조금 다른 감흥이다. 앞의 그곳들보다 훨씬 고즈넉하고 여유가 있다. 술꾼에게 주어진 공유면적이 넓다고 해야 하나. 유동인구도 적고 시장 특유의 그악스러움도 적다. 그렇다고 사람이 없어서 재고의 음식을 주는 스산함은 없다. 이 빠진 국밥그릇에 뜨끈하게 나오는 순댓국밥 한 그릇, 어느 유명 체인점의 그것보다 더 맛있는 7천 원짜리 통닭 한 마리, 연탄불에 익어가는 곱창구이가 미식의 혀를 가진 사람에게도 만족감을 준다.

아주 먼 곳을 다녀왔을 때의 뒷맛을 주는 곳

약수동 감상 여행의 최고 장소는 길가의 한 횟집이다. 어느 곳에서건 어렵지 않게 발견할 수 있는 횟집이지만 이 집이 특별한 이유는 바로 2층 공간 때문이다. 베란다에 놓인 야외 탁자, 그 특별하지 않은 시설이 약수동의 밤 시간에는

아주 특별한 무드를 만들어낸다. 높은 곳에서 바라보는 어둠 저쪽에 분명 바다가 있을 것이다. 술이 오르면서 그것은 확신이 된다. 소주 두 병은 거뜬히 마시고도 남을 1만5천 원짜리 대형 오징어회는 자연산이어서가 아니라, 바로 옆 상상의 바닷가에서 물질로 공수해 온 횟감인 듯 싱싱하다.

약수동에서 시간은 더디게 흘러간다. 여행지에서의 사흘이 한 달을 보낸 것처럼 느껴질 때가 있듯이 약수

동의 한 시간은 마치 열 시간처럼 흘러간다. 그곳에 살고 있는 사람이라면 이런 말들이 우스울 것이다. 그리고 이 기분은 온전히 낯선 동네에 와 있기 때문에 생겨난 것인지도 모른다. 역시 이유는 중요하지 않다. 그런 기분이 든다, 그 자체면 되는 것이다.

전철이 끝나기 전, 밤 열한 시의 전철은 다시 현실이다. 옆에 앉아 있는 사람은 PMP로 무언가를 들여다보고, 앞에 앉은 사람은 핸드폰 고스톱에 열중이다. 수업에 찌든 여중생은 불안한 단잠에 빠져 있다. 그래도 그들을 지긋이 쳐다볼 수 있는 여유가 생겼다. 약수역, 가깝고 사소한 곳이었으나 아주 먼 곳을 다녀왔을 때와 흡사한 뒷맛을 주는, 참 희한한 동네다. 감상이 파도를 탈 때, 바람 불면 가야 한다는 옆 동네를 무시하고 우리는 뜬금없이 약수동으로 가는 것이다.

약수동 정보

찾아가는 길
지하철 3호선과 6호선의 약수역 하차

주변 맛집
우성갈비(02-2231-6722) 연탄불에 구워 먹는 생갈비 같은 돼지갈비 맛. 서울 중구 신당동 372-49
광명수산 약수점(02-253-4837) 본문에 소개된 바로 그 횟집. 2층의 야외 테라스가 주는 낭만. 서울 중구 신당동 366-45
처갓집(02-2235-4589) 장모님이 삶아 주신 쫄깃한 닭백숙과 진한 막국수. 약수역 9번 출구로 나와 외환은행 쪽 골목으로 100m 정도 직진, 이후 두 갈래 골목길에서 우측으로 진입

천창호에서

| 나희덕

얼어붙은 호수는 아무것도 비추지 않는다
불빛도 산 그림자도 잃어버렸다
제 단단함의 서슬만이 빛나고 있을 뿐
아무것도 아무것도 품지 않는다
헛되이 던진 돌멩이들,
새떼 대신 메아리만 쩡 쩡 날아오른다

네 이름을 부르는 일이 그러했다

시인과 동백과 상사화가 있는 곳

| 선운사 |

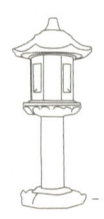

/ 사랑했고, 그래서 미워하게 된 사람

막막한 사랑이라는 것이 있다. 반응 없는 사랑이다. 그러나 반응을 얻기 위해 자극을 주고 싶어도 자극을 섣불리 주면 그나마 바라볼 수 있는 사랑조차 잃어버릴까 봐 어쩌지도 못하는 그런 사랑이다. 보낼 수 없는 전화, 그래서 오지 않는 전화. 먼저 도달할 수 없는 편지, 그래서 내세노 오지 않는 편지. 그 사람에게 나의 존재는 없는 것 같다. 그의 무심함이 의도된 것인지 혹은 정말 나의 존재를 모르는 것인지도 잘 모르겠다.

이런 극단적인 막막함이 아니더라도 비슷한 경우는 여러 관계 속에서도 빈번하게 나타난다. 부모와 자식 간에, 친구와 친구 간에, 선배와 후배 간에 우리는 공평하게 순환되지 않는 사랑으로 괴로워한다. 내 마음도 몰라 주는 청맹과니가 참 밉기도 하고 서운하기도 하다.

떠난 사람의 이름을 부르는 것도 이와 같을 것이다. 한때는 뜨겁게 사랑했으나 미움만 남기고 떠난 사람. 그리하여 그의 이름을 부르면 반응과 대답은 없고, 그저 사랑과 미움의 감정이 동시에 떠오르는 사람. 가끔씩 그가 떠오를 때면 행복함과 서운함이 동시에 느껴지게 하는 사람. 이제 그 미움과 서운함을 어떻게 정리할까. 이번 여행의 테마는 애증愛憎이다.

/ 눈물처럼 지는 애증의 꽃, 선운사 동백꽃

선운사에 가신 적이 있나요 /
바람 불어 설운 날에 말이에요 /
동백꽃을 보신 적이 있나요 /
눈물처럼 후두둑 지는 꽃 말이에요 /
나를 두고 가시려는 님아 /
선운사 동백꽃 숲으로 와요 /

떨어지는 꽃송이가 내 맘처럼 하도 슬퍼서 /
당신은 그만 당신은 그만 못 떠나실 거예요 /
선운사에 가신 적이 있나요 / 눈물처럼 동백꽃 지는 그곳 말이에요

송창식의 구성진 목소리가, 다소 경박하게 들리는 코러스와 함께 어우러져 나왔던 선운사라는 제목의 이 노래는 주술처럼 사람을 사로잡는 힘이 있다. 떠나는 사람을 잡고 싶어서 그 사람에게 슬픈 동백꽃의 낙화를 보게 하겠다는 가사 속 주인공은 참으로 미련한 사람이었나 보다. 그런다고 떠날 사람이 안 떠날까. 그러나 오죽했으면, 얼마나 잡고 싶었으면 저런 생각을 할까라는 생각과 함께 경박하게 들렸던 코러스의 멜로디조차도 슬픔의 메아리로 들려온다.

전북 고창의 선운사를 봄에 간다면 초입에서 벚꽃의 절정을 제대로 감상할 수 있다. 봄에 내리는 대설, 향기 있는 눈덩어리들이 나무 위에 넉넉히 앉아 햇볕을 맞으며 졸고 있다. 좌판을 널어놓고 과실주며 약재 등을 팔고 있는 아낙들을 지나, 한 떼의 수학

여행 온 무리들의 지저귀는 소리를 지나, 어느덧 매표소에 다다를 무렵, 거기 한 때 소월 이후 최고의 시인이라고 불렸던 시인의 시비詩碑가 있다.

선운사 동구洞口
선운사 고랑으로
선운사 동백꽃을 보러 갔더니
동백꽃은 아직 일러 피지 않았고
막걸리 집 여자의 육자배기 가락에
작년 것만 시방도 남았습니다.
그것도 목이 쉬어 남았습니다.

시인이 남기고 간 애증

감정 없는 돌덩어리에 새겨진 시인의 음률은 그러나 벚꽃보다 아니 동백보다 아름답고 또 아름답다. 선운사는 그 절이 가지는 역사성보다 서정주의 노래가 있어서 더 행복한 곳인지도 모른다. 좀다리 한 마리가 시인의 가락을 타고 휘이 휘이 날아간다.

그런데 서정주 그는 천상의 노래를 부를 줄 아는 시인이었음에도 생전에 보인 그의 오염된 정치적 행동으로 시를 사랑하는 후학들에게 애증의 존재가 되었다. 새 천년 첫해 눈 내리는 성탄절 전야, 그는 땅 위에 떨어진 동백처럼 그렇게 이승을 하직했고, 선운사 여행길에 들른 질마재 그의 기념관에서 헛헛한 웃음을 지을 수밖에 없었던 기이한 우연도 나는 발견한다. '광주', '백담사 귀양', '전 재산 29만원'의 연관검색어를 가지고 있는 5공의 대통령에게 서정주는 미륵의 미소라며 찬양했는데, 공교롭게도 서정주의 생일이 5월 18일(광주항쟁일)이었고 그가 세계여행을 가기 위해 젊은 시절 작성한 설문지에는 가장 좋아하는 국내 여행지가 백담사라고 적혀 있음을 본다.

한국어를 가지고 수천 가지의 기묘한 향기를 뿜어내는 시인의 노래는 어느 누구의 모창을 불허하는 영원하고 독보적인 질마재의 신화가 되었다. 그 거대한 신화의 그림자에 어쩔 수 없이 따라다니는 시인에의 탁한 회한悔恨, 이러지도 저러지도 못하는 애증의 방정식을 나는 질마재에서 확인한다.

동백, 그리고 가위바위보

가을에 낙엽들이 계곡에 비치면 그 자체로 그림이 된다는 오솔길을 걸으며 측백나무와 팽나무에게 눈인사를 보낸다. 안녕, 잘들 있었니? 늘 나무는 소리 없이 웃기만 한다. 그래서 나는 너희가 좋다. 소박한 선운사 경내를 한 바퀴 돌다가 이윽고 동백나무 숲으로 발길을 돌린다. 저 멀리 보이는 동백나무 숲은 아직은 초록이다.

선운사 동백꽃은 필 때보다 질 때가 더 아름답다고 한다. 눈물처럼 후두둑 지는 꽃이 아름답다는 것은, 그것을 바라본 사람의 마음이 그토록 서러웠기 때문일 테다. 자기의 신세처럼 땅 위에 떨어진 동백이 그토록 처량했기 때문일 테다. 감상은 임의의 해석을 통해 늘 사물을 새롭게 탄생시킨다. 조금씩 그 숲으로 걸어가면 동백꽃들이 한 송이씩 모습을 드러낸다. 숲 앞에 이르면 마침내 초록 도화지에 붉은 점을 뿌려 놓은 듯 동백꽃은 그렇게 다가온다.

남도 끝, 거기서 동백꽃은 눈을 맞으며 핀다. 하얀 눈이 앉아 있는 진한 자줏빛 동백꽃은 생명이다. 하지만 선운사 동백꽃은 초록과 함께 핀다. 아아, 그래서 선운사 동백이 눈물의 정서를 품고 있었나 보다. 초록의 생명 끝에 떨어져 버린 붉은 죽음. 그 찬란했지만 짧았던 개화의 추억들이여. 이제는 그저 사람들의 발끝에 짓눌려 흔적도 없이 명멸하고 있구나. 생명에서 죽음까지의 짧음을 신음하며.

뉘엿 태양이 사라지는 그때, 서둘러 도솔암으로 향한다. 미륵이 환생하여 처음 설법을 하고 죽어서 다시 만날 곳으로 기억하는 도솔천, 그 이름을 딴 도솔암으로 가는 길은 정겨운 산책길이다. 언젠가 자기들의 사랑을 소망하며 조심스럽게 쌓았던 연인들의 돌탑도 있고, 천연기념물이라는 노송도 만날 수 있다. 우리나라에서 가장 크다고 하는 지상 6미터 높이의 도솔암 마애불의 명치끝은 비결록을 넣었다는 감실이 있다. 이 비결록은 19세기 말 동학의 접주 손화중이 가지고 갔다고 전해지는데, 머리를 들어 바라보고 있자니 더 높은 곳에서 스님의 예불 소리가 들려온다. 절벽의 끝 내원궁에서 울리는 소리다.

내원궁을 가리키는 나무 푯말, 거기의 안내문이 재미있다. '아니온 듯 다녀가시옵소서'. 사랑의 끝에 미움이라는 쓴 열매가 열렸다면 그 과정에는 반드시 집착이 있다. 애증을 잇는 다리는 그러므로 늘 집착이다. 가위바위보처럼 서로가 서로를 물며 관계를 형성하는 원환圓環. 아니온 듯 다녀가라는 말에는 집착이 없다. 삶처럼 공허하고, 마애불의 가슴처럼 구멍이 뚫린 듯한 뉘앙스지만, 그 말 속에서 여행자는 작은 깨달음을 얻는다. 아니온 듯 가시옵소서. 나도, 그대도, 우리의 사랑도, 우리의 미움도, 모두 내원궁의 목탁소리가 공중으로 사라지듯 그렇게 공空한 것이거늘.

사랑의 추억을 남겨준 당신, 고마워요

이미 해가 저물어 내려오는 길은 어둠이 도처에 깔렸다. 앞이 잘 보이지 않는 산길은 기분 좋은 긴장감이 있다. 그리고 모처럼 달그림자를 본다. 내 옆을 함께 걷는 작은 나. 더 작아져 버린 그 사람에 대한 사랑 그리고 미움.

선운사를 나와서 막걸리 생각이 난다면 입구 주변을 둘러보라. 아쉽게도 시인이 찾았음 직한 막걸리집은 지금 없지만 엉덩이 붙이고 앉아 호프 한 잔, 막걸리 한 잔 할 집이 왜 없으랴. 술 한 잔을 마시며 상사화相思花라는 꽃을 떠올려 보는 것도 좋겠다. 꽃이 필 때는 잎이 없고 잎이 있을 때는 꽃이 피지 않으므로 꽃과 잎이 서로를 그리워한다 하여 붙여진 이름이 상사화라고 한다. 잎은 봄에 났다가 6월이면 말라 버린다. 꽃은 입이 말라 없어지기를 기다린 것처럼 7월에 나온다. 입과 꽃은 서로 그리워하지만, 만나지 못한다. 이해인 수녀님은 〈상사화〉라는 제목으로 이런 시를 남겼다.

아직 한 번도 / 당신을 / 직접 뵙진 못했군요 / 기다림이 얼마나 / 가슴 아픈 일인가를 / 기다려보지 못한 이들은/ 잘 모릅니다.

차라리 이 고통을 겪더라도 만남이라는 축복이 있었다는 것에 감사해야 한다는 생각이 들지 않겠는가. 기다리다 말라죽는 상사화보다는 사랑과 미움, 삶과 죽음의 모든 것을 온몸으로 겪은 후 붉게 낙화한 동백이 오히려 여한 없는 종말은 아닐는지. 다행이다, 나에게도 뜨거웠던 사랑의 추억이 있어서. 그래서 고맙다. 미움보다 앞서 사랑했던 당신.

선운사 정보
선운사 www.seonunsa.org

관람료 | 어른 2,500원 / 어린이 1,000원   전화 | 063-563-3450

찾아가는 길
대중교통 | 고창 → 선운사 직행 8회, 군내버스 24회 운행, 30분 소요(20km)
승용차 | 서해안고속도로 선운사 IC → 선운사

미당 시문학관(063-560-2760) seojungju.com
관람시간 | 09:00-18:00(하절기) / 09:00-17:00(동절기) / 매주 월요일·1월 1일 휴관

주변 맛집
고창은 역시 풍천장어와 복분자. 선운사 입구에 장어집이 40여 개 있으며 특별히 맛의 변별력을 가지고 있지 않다. 선운사 초입 삼인교차로 부근의 강나루(063-561-5592), 풍천장어쌈밥(063-562-7520), 연기식당(063-562-1537)과 선운사 매표소 부근의 아산가든(063-564-3200), 선운사 상가단지 내 동백식당(063-562-1560) 등이 유명하다.

나와 나타샤와 흰 당나귀

| 백석

가난한 내가
아름다운 나타샤를 사랑해서
오늘밤은 푹푹 눈이 나린다

나타샤를 사랑은 하고
눈은 푹푹 날리고
나는 혼자 쓸쓸히 앉어 소주를 마신다
소주를 마시며 생각한다
나타샤와 나는
눈이 푹푹 쌓이는 밤 흰 당나귀 타고
산골로 가자 출출이 우는 깊은 산골로 가 마가리에 살자

눈은 푹푹 나리고
나는 나타샤를 생각하고
나타샤가 아니올 리 없다
언제 벌써 내 속에 고조곤히 와 이야기한다
산골로 가는 것은 세상한테 지는 것이 아니다
세상 같은 건 더러워 버리는 것이다

눈은 푹푹 나리고
아름다운 나타샤는 나를 사랑하고
어데서 흰 당나귀도 오늘밤이 좋아서 응앙응앙 울 것이다

/ 천억이 그 사람의 시 한 줄만 못해

'외롭고 높고 쓸쓸하게' 살다 간 시인이 있었다. 스페인이나 필리핀 사람처럼 외모가 이국적이어서, 동료는 작업하는 그의 옆모습을 보고 조각을 떠올렸다고 한다. 토속의 시어를 가락처럼 뽑아내며, 때로는 돌아가는 은유로, 때로는 직유와 역설로 자신의 어린 시절을, 고향의 풍경을, 사랑의 감상을 노래한 시인이었다.

이 모던하고 감각적인 시인은 연애도 참 영화처럼 했다. 스무 살 초반에 직장 동료 결혼식장에서, '란'이라는 여자를 만나 첫눈에 반한다. 그러나 그의 애끓는 연모를 저버리고, 그 여인은 이미 파혼 상태인 시인의 동료와 결혼해 버린다. 시인은 사랑을 잃고, 친구를 잃고, 그렇게 좌절했으리라.

시인은 란을 사랑했지만, 그런 시인을 사랑했던 여자가 있었다. 그녀는 춤과 웃음을 파는 기녀였다. 그녀 나이 스물세 살, 시인의 나이 스물여섯에 둘은 만났다. 당시 교사였던 시인은 그녀의 눈에 외국인처럼 키가 크고 허여멀쑥하게 잘 생겼지만 무언가를 상실한 사람처럼 허허하고 위태로워 보였다. 첫 만남에

서 그가 갑자기 그녀의 손을 잡고 "오늘부터 당신은 나의 영원한 마누라야. 죽기 전에 우리 사이에 이별은 없어요"라는 말을 했을 때 그녀는 그것이 한 남자의 약속이 아닌, 사랑에 버림받은 남자의 주정 섞인 절규라는 것 정도는 알고 있었을 것이다.

그러나 그것이 무엇이든 여자는 자신을 "자야"라고 부르는 이 시인과 3년간 동거한다. 놀란 시인의 부모는 두 사람의 결혼을 반대하고 강제로 자식을 다른 여자와 결혼시켜 버린다. 시인은 여인에게 함께 만주로 떠나자고 애원했지만 여인은 시인의 말을 듣지 않는다. 사랑하는 이의 미래를 막고 싶지 않은 그녀의 속 깊은 배려였을까?

결국 시인 혼자 떠난 만주행은, 6·25 전쟁과 함께 두 사람의 영원한 이별이 되고 만다. 그 후 여자는 서울 성북동에 대원각이라는 최고급 요정을 열어 제3공화국 시절까지 서울의 3대 요정 중 하나로 사세를 확장한다.

당대를 풍미했던 대원각은 지금 길상사라는 절이 되었다. 김영한 씨가 시가 1천억 원이 넘는 7천여 평의 대지와 건물 40여 동을 시주했기 때문이다. 아깝지 않느냐는 사람들에게 그녀는 이렇게 대답했다고 한다. "1천억이 그 사람의 시 한 줄만 못해."

백기행이라는 본명을 가진, 그러나 우리에게는 백석(白石 1912-1995 사망 추정)이라는 예명으로 더 잘 알려진 시인의 이야기다. 아울러 김영한(1916-1999)이라는 본명을 가진, 그리고 이후 길상화라는 법명을 받은 여인의 이야기이다.

그것이 사실인지 혹은 지어낸 이야기인지, 더 나아가서 백석이 김영한을 진실로 사랑했는지 아닌지를 의심할 필요는 없다. 왜냐하면 우리는 백석의 논문을 쓰기 위함이 아니라 여행을 앞두고 시인의 사랑 이야기가 필요했기 때문이다.

/ 원처럼 둥근 사랑과 종교, 길상사

　대학로에서 채 20분이 걸리지 않는 곳, 그리고 소설 같은 사랑 이야기를 담고 있는 곳. 원고지의 칸과 같이 일정할 수밖에 없는 하루 중 반나절의 충동여행으로, 그것도 비의 감상지로 참 좋은 곳이 길상사다. 지하철 4호선 한성대입구역에서 내려 한량한량 걸음으로도 다다를 수 있는 곳에 길상사가 있다.

　고풍스러운 유럽의 어느 마을을 닮은 성북동은 대한민국에서 가장 부자들이 사는 곳이다. 부자 중에서도 스스로 성골임을 자처하는 사람들이 높은 담을 치고 사는 그런 곳이다. 그 성북동 골짜기 어느 길목에서 길상사는 그야말로 뜬금없이 나타난다.

　일주문을 지나면 한눈에 가람의 대부분이 눈에 보이는 길상사는 마치 갓 시집온 새색시의 고운 자태처럼 단아하고, 새색시의 하얀 버선처럼 정결하다. 엄밀하게 말해 절이라기보다는 도량인 이곳은 성불로 가는 길목이며 기도의 장이다. 모든 미완의 것들은 불완전함 속에서 미완의 미학을 완성한다. 마치 일본의 정원을 연상시키는 아기자기한 공간 연출 속에서 길상사는 극락전을 중심으로 자기만의 아름다움을 보여 준다.

　길상사 관세음보살님은 외모도 특이하다. 천주교 신자인 최종태 씨가 불모佛母를 염두에 두고 만들었다고 한다. 종교의 화합이 연상되는 거룩하고 아름다운 모습이다.

　그래서 이런 시도 나왔는지 모르겠다.

벽이 허물어지는 아름다운 어울림을 보네.
저마다 가는 길이 다른
맨머리 스님과
십자성호를 긋는 신부님,
나란히 나란히 앉아 진리의 법을 나누는
아름다운 어울림을 보네.
늦은 깨달음이라도 깨달음은 아름답네.
자기보다 크고 둥근 원에
눈동자를 밀어 넣고 보면
연꽃은 눈흘김을 모른다는 것,
십자가는 헐뜯음을 모른다는 것,
연꽃보다 십자가보다 크신 분 앞에서는
연꽃과 십자가는 둘이 아니라는 것,
하나도 아니지만 둘도 아니라는 것.
늦은 깨달음이라도 깨달음은 귀하다네.
늦은 어울림이라도 어울림은 향기롭네.
이쪽에서 '야호!' 소리치면
저쪽에서 '야호!' 화답하는 산울림처럼
이 산 저 산에 두루 메아리쳐 나아가면 좋겠네.

— 고진하 〈연꽃과 십자가〉

길상사에서는 속俗과 선仙, 욕慾과 극克의 경계를 성북동 부촌의 도로를 향하는 일주문 하나로 단순하게 가른다. 미처 이루지 못했던 시인과 여인의 사랑도, 그래서 미완성이었던 사랑도 길상사 경내에서는 보이지 않는 아름다움으로 둥둥 떠다니며 길상사를 채우는 서정이 된다. 그리고 길상사에서 영원히 살아계시는 또 한 분이 방문객의 기억 속에 되살아난다. 바로 법정 스님이다.

김영한 씨와 법정 스님의 특별한 인연이 길상사를 낳았다. 법정 스님의 〈무소유〉를 읽고 큰 감명을 얻은 김씨가 법정 스님에게 대원각 7천여 평(당시 시가 1천억 원)을 시주했고 법정 스님은 1997년 '맑고 향기롭게 근본도량 길상사'로 이름을 바꿔 길상사의 창건 법회를 갖는다. 김씨는 1999년 11월 14일 세상을 떠나기 하루 전날 목욕재계 후 절에 와서 참배하고 길상헌에서 마지막 밤을 보냈고, 법정 스님은 2010년 3월 11일 생의 마지막 시간을 길상사에서 보냈다.

비가 오면 더 좋은 곳, 길상사

극락전 주변으로는 백년 이상의 나이를 가진 느티나무가 부처님을 수호하듯 서 있다. 마음 급한 이라면 30분을 휘둘러 볼 수 있는 사찰이다. 그러나 한 뼘의 공간에서도 자기의 우주를 확장할 수 있는 사람이라면 얇은 시집 하나 들고 반나절의 시간을 보내기에 더없이 좋은 곳이다.

길상사 경내에는 북에서 남으로 흐르는 도랑이 있다. 이 도랑의 물은 성북천을 향해 아래로 흘러간다. 비가 오는 날이면 제법 폭포의 위용도 갖추고 그 소리도 장엄하다. 비가 오면 방문객도 적을 테니 조용해서 더 좋을 것이다. 고요하다 보니 가만히 귀를 기울이면 빗소리, 물소리, 꽃잎 피고 지는 소리, 나뭇잎 사각대는 소리, 벌레의 바스락 소리, 햇살이 지는 소리, 지렁이 하품하는 소리, 그리고 이 시간 어느 곳에서 내 사랑이 나를 그리워하는 소리까지 들을 수 있다.

'나누는 기쁨'이라는 작은 찻집의 마당에 앉아 대추차 한 잔을 마시며 극락전 앞마당을 망연히 바라보는 것도 운치가 있다. 앉아 있기만 해도 묵상이 가능한 도서관에서 이런저런 책들을 읽어 보는 것도 즐겁겠다. 시장하다면 도서관

아래층 식당에서 공양을 할 수도 있을 것이다.

여러모로 길상사는 특별하다. 백석이 사랑하는 여인과 살고 싶어 한 산골의 마가리를 성북동 길상사로 생각하면 더 특별할 것이고, 법정 스님의 〈버리고 떠나기〉를 떠올린다면 길상사를 나서는 시간에는 가슴 속에 뜨거운 용기도 한 줌 얻어 나올 수 있을 것이다.

삶은 소유물이 아니다. 순간순간의 있음이다. 영원한 것이 어디 있는가. 모두 한때일 뿐. 그러나 그 한 때를 최선을 다해 최대한으로 살 수 있어야 한다. 삶은 놀라운 신비요 아름다움이다.

— 법정 스님 〈버리고 떠나기〉

길상사 정보

길상사 www.kilsangsa.or.kr

찾아가는 길
지하철 4호선 한성대입구역 6번 출구로 나와 걸어오거나, 1111번 마을버스를 타거나, 길상사 승합차를 이용할 수 있다. 마을버스를 탔을 경우 종점에서 내린 후 약 10여 분 정도 걸으면 된다. 길상사 승합차는 한성대입구역 6번 출구 진학서점 옆 동원마트에서 탄다.

최순우 옛집
시민문화운동 제1호, 전 국립박물관장 최순우 선생(1916-1984)이 돌아가실 때까지 지냈던 고택
관람시간 | 10:00~16:00(4~11월 매주 화~토요일 / 동절기 휴관)
찾아가는 길 | 4호선 한성대입구역 6번 출구 → 버스 1111번, 2112번, 마을버스 03번 → 홍익중고교에서 하차 → 길 맞은 편 등촌칼국수와 세탁소 사이 골목 안으로 20m

성락원
조선 철종 때 이조판서를 지낸 심상응의 별장. 의친왕 이강(1877-1955)이 35년간 별장으로 사용하던 곳이다.

심우장
만해 한용운(1879~1944)이 1944년까지 살았던 기와집. 작은 방 두 칸에 부엌이 한 칸 있는 단출한 가옥구조, 만해의 유명세에 비하면 소박하지만, 그 소박함 속에서도 만해의 친필서각 등을 만날 수 있다.
찾아가는 길 | 1111번, 211번 버스 종점인 명 학교를 지나 오르막을 약간 올라가면 심우장 가는 길 표지판이 보인다.

주변 맛집
돼지갈비 기사식당(02-764-2420) 택시기사 설문 조사 1위의 인기 돼지갈비 식당. 서울시 성북구 성북2종 114-2 성북초등학교 100m 지나 왼편, 쌍다리 근처

사람에 대한 간절함을
안고 떠나는 여행 | 지심도 |

당신에게 중독되어버린 내 사랑

| 황봉학

눈감으면 떠오릅니다

온몸이 전율해 옵니다

당신이 주신 사랑에 중독되어

당신만 생각하면

가슴이 저리고

눈물이 쏟아지고

죽을 것만 같습니다

　

당신 손끝으로 파르르 파문을 일으키며

떨던 몸은

당신의 미소를 생각하는 것만으로도

자지러지곤 합니다

　

어느 세월에 가서야 당신을 잊을 수 있을까요

어느 세월에 가서야 이 중독에서 벗어날 수 있을까요

　

죽어서도 내 영혼은 당신에게 중독되어

당신의 입술을 기다리고

당신의 손길을 기다리고

당신의 감미로운 목소리를 기다리고 있겠지요

　

당신에게 중독된 내 육신과 영혼을 살리는 길은

내가 나로서 온전하게 살 수 있게 하는 것은

나를 아득하도록 황홀케 하는

오직 당신의 사랑 하나뿐입니다.

/ 치명적인 사랑의 중독성에 대하여

한 남자에게 너무 큰 사랑을 받았던 그 여자 이야기를 먼저 하고 싶다.

그네들의 결혼생활은 행복했고 한 쌍의 새처럼 보기 좋았다. 그 남자는 그녀의 긴 머리를 늘 빗겨 주었다. 거울 앞에 그 여자를 앉히고 굵은 빗으로 여자의 머리를 빗겨 내릴 때 그 남자는 충만했다. 양순하게 머리를 내맡기고 조는 듯 앉아 있는 그 여자도 그림 같았다.

자기의 몸을 제 몸보다 더 끔찍이 위해 주는 그 남자가 불의의 교통사고로 세상을 떴을 때 그 여자는 식물처럼 말라갔다.

그러나 육 개월이 되기도 전에 그 여자는 재혼을 한다고 했다. 세상의 모든 비난은 그녀에게 향했다. 남편 무덤에 풀도 마르기 전에 재혼이라니, 남편을 향한 당신의 사랑은 모두 거짓이었군, 저런 여자인 줄 모르고 죽은 남자만 불쌍한 게지. 사람들은 그렇게 대놓고 혹은 뒤에서 수군거렸다.

그 여자가 소주 반병의 힘으로 어렵게 입을 열었다. 말이라기보다는 한숨처럼, 발음이 아닌 더듬거림으로 이렇게 말했다.

"손톱을 혼자 깎지 못하는 느낌에 대해 이해할 수 있나요? 늘 누군가 깎아 주던 손톱이 길었을 때, 그 손톱을 더 이상 깎아 줄 수 있는 사람이 없다는 것을

알았을 때, 나는 그 손톱을 보며 절망했습니다. 저는 사랑에 중독된 거였어요. 추억을 회상하는 것만으로 저는 살아질 수 없지요. 그것이 또 다른 사랑이라 해도 저를 중독시킨 사랑 외에는 아무것도 저를 살아가게 할 수 없어요."

그 여자의 변명이 사치였는가? 손톱 하나 못 깎는 그 여자가 바보 같은가?

그렇더라도 나는 그녀 앞에서 인정해야 했다. 치명적인 사랑의 중독성에 대해.

/ 오롯한 마음을 담은 섬, 지심도

지심도에 가겠다고 했을 때, 지심도의 한자를 먼저 보았다. 지심도只心島. 오직 지, 마음 심. 하늘 위에서 보면 마음 심을 닮아서 마음 닮은 섬이라고 한다.

그 한자를 보고 불쑥 떠오른 단어는 '중독'이었다. 그래서 나는 '오롯하게 한 사람을 향한 마음'으로 이 섬을 풀이했다. 그 간절함과 절박함의 정서를 떠올리며 입속에 지심도를 넣고 조그맣게 읊조려 보았다. 물컹하고 무언가가 가슴을 치고 돌아왔다. 남편이 죽은 후 손톱을 못 깎는다고 울면서 말했던 그 여자가 또 스치고 지나갔다.

거제도 장승포항에서 15분 정도의 거리에 있는 지심도는 동백섬으로 유명한 곳이다. 3.7킬로미터의 해안선을 가진 이 자그마한 섬은 조선 현종 때 주민 15세대가 이주하여 살기 시작했고 일본 강점기 때는 일본군 1개 중대가 광복 직전까지 주둔했다고 한다. 아무리 관광객에게 알려져도 섬은 섬으로서의 호젓함을 잃지 않고 있다. 20여 명의 주민이 사는 이 섬에 관광객과 주민을 가리고도 남을 후박나무, 소나무, 유자나무, 동백나무의 무리가 지심도를 은거의 섬으로 만들어 준다.

선착장에서 시작되는 지심도 산책은 흙과 바람과 햇빛과 꽃, 그리고 나무의 향기를 온몸으로 느끼며 걷는 오솔길 걸음마이다. 키 자란 나무 숲길을 따라 꿈길로 들어가듯 섬 속으로 들어간다. 국방과학연구소를 뒤로 두고 낙화 분분한 길을 걸으면 일출일몰 전망대가 나타난다.

유채꽃은 흐드러지게 피어 있고 진록의 잔디로 드넓은 활주로에서 창창 펼쳐진 남해의 바다를 보며 사람들은 낮잠을 잔다. 소곤거린다. 머리를 비운다. 소나무 숲속에서 새 한 마리가 낮게 날아올라 지저귄다. 대숲을 지나면 전망대와 망루가 나온다. 깎아지른 해안 침식 절벽의 경치를 감상하는 곳이다. 남해의 바람을 정면으로 맞으며 포말로 부서지는 파도를 보고 바위에 굳건하게 뿌리를 내린 나무의 생명력을 바라보는 곳이다.

사랑은 또 다른 사랑으로 치유된다

아, 동백의 이야기를 해야겠다.

해석에 의해서 감상의 꽃으로 태어난 것 중 동백만한 꽃은 없을 것이다. 겨울에 피어나는 인동忍冬의 꽃으로, 벌이나 나비가 아닌 동박새에 의해 수정된다는 희귀의 꽃으로, 큰아버지의 살인을 피해 아버지는 동백나무가 되고 아들은 새가 되었다는 신화의 꽃으로, 서정주의 육자배기 시화詩花로, 송창식의 선운사 가화歌花로 동백은 피고 졌다. 그러니까 보여지는 꽃보다는 읽히는 꽃이 동백이었다. 무엇보다도 꽃잎이 채 시들기도 전에 모가지 잘리듯 댕강 떨어지는 낙화의 처연성으로 이별의 애상을 상징하는 꽃이 동백이었다.

각자의 해석이 가능한 꽃이라면 오롯하게 한 사람을 향한 섬에서의 동백은 사랑에 중독된 것이라고 생각했다. 땅으로 수직한 제 짝을 찾아 스스로 낙화를 선택한 남은 꽃은, 생명보다는 추락을 택했다. 홀로 남기보다는 땅에서 짓뭉개지더라도 함께의 죽음을 원했다.

지심도에서 동백은 나무가 아닌 땅에서 다시 피어난다. 운 좋게 같은 지점에 떨어진 동백의 쌍은 흙 속으로 함께 묻히며 영생을 살 것이다. 불행하게도 낙화의 위치가 다를 수 있었던 쌍쌍의 동백이라면 그 사랑의 간절함을 이 섬의 바람이 외면할 리가 없다. 바람은 떨어진 두 개의 동백을 하나로 합쳐줄 것이다.

지심도의 동백을 따라 하지 못하는 그녀는, 어쩌지도 못한 채 그저 많이 울었다. 그러나 나는 안다. 너무나 달콤한 사랑을 했던 그 대가로 중독의 후유증을 얻었지만, 그 중독은 또 다른 사랑에 의해 치유되거나 혹은 시간의 흐름 속에서 벗어날 수 있다는 것을.

지심도 정보

찾아가는 길
승용차 | 서울에서 1번 경부고속국도 또는 35번 중부고속국도 → 비룡 JC → 산내 JC → 35번 대전통영고속국도 → 동통영 IC → 14번 국도 → 거제
대중교통 | 서울 남부버스터미널에서 출발, 거제까지 4시간 20분 소요
항공기 | 서울 김포공항 → 사천공항

현지 교통
거제도 장승포에서 나룻배를 이용해 지심도까지 간다. 장승포 여객선터미널에서 선착장까지 걸어서 10분 거리, 시외버스터미널에서는 택시로 기본요금 거리다(장승포-지심도 08:00-16:00 약 2시간 간격으로 운항. 소요시간 20분. 왕복요금 어른 12,000원, 어린이 6,000원).

주변 여행지
지심도를 출발하여 외도해상공원, 해금강, 대소병대도, 자연예술랜드, 포로수용소 등 거제도를 관광하는 프로그램을 이용할 수 있다. 1일 관광, 1박2일 관광, 2박3일 관광 등이 있다(유람선 안내 055-681-6565 www.geojerotour.com).

부뚜막에 쪼그려 수제비 뜨는
　나어린 처녀의 외간 남자가 되어

| 김사인

부뚜막에 쪼그려 수제비 뜨는 나어린 그 처자
발그라니 언 손에 얹혀
나 인생 탕진해버리고 말겠네
오갈 데 없는 그 처자
혼자 잉잉 울 뿐 도망도 못 가지
그 처자 볕에 그을려 행색 초라하지만
가슴과 허벅지는 소젖보다 희리
그 몸에 엎드려져 개개풀린 늦잠을 자고
더부룩한 수염발로 눈곱을 떼며
날만 새면 나 주막 골방 노름판으로 쫓아가겠네
남는 잔이나 기웃거리다
중늙은 주모에게 실없는 농도 붙여보다가
취하면 뒷전에 고꾸라져 또 하루를 보내고
나 갈라네, 아무도 안 듣는 인사 허공에 던지고
허청허청 별빛 지고 돌아오겠네
그렇게 한두 십 년 놓아 보내고
맥없이 그 처자 몸에 아이나 서넛 슬어놓겠네
슬어놓고 나 무능하겠네

젊은 그 여자
혼자 잉잉거릴 뿐 갈 곳도 없지
아이들은 오소리 새끼처럼 천하게 자라고
굴속처럼 어두운 토방에 팔 괴고 누워
나 부연 들창 틈서리 푸설거리는 마른 눈이나 내다보겠네
쓴 담배나 뻑뻑 빨면서 또 한세월 보내겠네
그 여자 허리 굵어지고 울음조차 잦아들고
눈에는 파랗게 불이 올 때쯤
나 덜컥 몹쓸 병들어 시렁 밑에 자리 보겠네
말리는 술도 숨겨놓고 질기게 마시겠네
몇 해고 애를 먹어 여자 머리 반쯤 셀 때
마침내 나 먼저 숨을 놓으면
그 여자 이제는 울지도 웃지도 못하리
나 피우던 쓴 담배 따라 피우며
못 마시던 술도 배우리 욕도 배우리

이만하면 제법 속절없는 사랑 하나 안 되겠는가
말이 되는지는 모르겠으나

섬에서 게으르게 무위도식하기
| 선유도 |

/ 무능하면 안 되는 세상에 무능해져 보기

어디 시가 삶을 반성하고 욕을 정제하며 세상의 모든 작은 것들에 애정을 선사하는 역할만을 할 수 있겠는가. 때로는 말이 되지 않을 세상을 기웃거려 보기도 하고, 가보지 않은 곳을 상상하기도 하며, 남의 삶 속에 나를 슬쩍 얹히는 기쁨도 시의 선물 아니겠는가.

21세기 모계사회에서 읽혀지는 시 속의 근대남자의 삶은 위험하고 무책임하며 비도덕적이기까지 하다. 어린 처자를 제 맘대로 색시로 들여앉힌 후 저는 노름이나 하고 술판이나 기웃대며 살아간다. 아이를 낳아놓고도 아비 역할은 전혀 하지 않고 아이가 어떻게 자라든 저 혼자 게으른 한량 짓을 도맡아 한다. 병에 덜컥 걸려서도 몰래 술을 훔쳐 먹고 혼자 숨을 거두는 무한 이기주의는 철 안든 인간의 전형적인 모습이다.

그러나 말할 수 없는 것도 말할 수 있고, 상상할 수 없는 것도 상상하며 그 모든 것에 언어를 입히는 것은 시인의 특권이다. 맨 마지막의 '말이 되는지는 모르겠으나' 한 마디로 인해 시인은 지금 그저 상상을 즐기고 있다는 것이 확인된다. 시인의 마초이즘을 이데올로기가 아닌 상상의 일탈로 읽는 순간, 이 시는 귀엽기도 하고 슬쩍 애틋하기도 하고 묘하게 쾌감을 주기도 하다. 저렇게 당당하게 무능을 선언하며 잉여의 삶을 뻔뻔하게 고백하는 화자를 통해 지금을 사는 많은 남자들은 슬그머니 카타르시스를 느낄 것이다. 시 속 사내와 같은 몰염치한 삶을 일상에서는 절대로 따라 할 수 없다는 것을 스스로 잘 알고 있기 때문이다.

월급봉투를 세금처럼 부인에게 바치며 개눈으로 딴 욕망을 꿈꾸는 현대 남자에게 이것은 언감생심, 상상조차 불온한 이야기다.

다만 한 번쯤 여행지에서는 시의 주인공처럼 한없이 게을러지고 무능해져 보는 것도 좋을 것이다. 일에 대한 강박, 가족에 대한 부담, 미래에 대한 긴장 따위는 모두 벗어 버리고 나 어린 처자의 외간남자처럼 둘레둘레 맥 놓은 시간을 보내는 것이다. 시인의 특권이 그러하듯, 여행자의 특권 역시 잠시나마 자기 삶의 외줄에서 내려와 규칙에의 일탈을 시도해 보는 것이다.

/ 한없이 게으르게, 선유도 여행

고군산군도는 선유도를 중심으로 무녀도, 야미도, 신시도, 관리도, 장자도, 대장도 등으로 이루어져 있고 군산 여객터미널에서 가는 배편은 선유도와 장자도행이 있다. 여행객들은 편의시설이 좀 더 많은 선유도행을 주로 이용한다. 휴가철에는 미리 예약을 해야 하지만 비수기에는 예약을 하지 않아도 된다. 섬 안에 마트 등이 있지만 아무래도 물가는 육지보다 비싸다. 경제적인 여행자라면 군산에서 미리 식음료를 사가지고 가면 되겠고, 바가지도 섬의 프리미엄이라고 관대할 수 있다면 현지에서 해결해도 좋겠다.

배는 한 시간 반여의 항해 끝에 여행자를 선유 2구 선착장에 내려놓는다. 숙소와 횟집 전단을 나눠 주는 주민들이 섬 손님을 먼저 반긴다. 자동차가 다니지 않는 선유도를 여행하는 가장 좋은 방법은 선착장 주변에서 자전거 혹은 스쿠터를 임대하는 것이다. 자전거는 여유가 있어서 좋고, 스쿠터는 속도와 타는 맛이 있어서 좋다. 선착장에 내려서 가장 먼저 할 일은 선착장 주변의 가게에서 한 시간 정도만 자전거를 렌트하는 것이다. 그리고 자전거를 타고 선유도와 장자도를 사전 답사한다.

선유도와 장자도, 그리고 무의도로 연결되는 전체의 섬은 작다. 특히 숙소가 몰려 있는 선유도와 장자도는 한 시간의 자전거 답사라면 섬을 우선 이해하며 이후 여행의 동선을 그려가기에 부족하지 않다. 그리고 이 답사의 시간 동안 할 일은 숙소를 잡는 일이다. 한여름의 성수기가 아니라면 본인이 직접 숙소의 방을 보고 주인과 흥정을 한 후에 머물 숙소를 결정하는 것이 가장 좋은 방법이다. 개인적으로 숙소는 장자도에서 잡기를 권한다. 선유도보다 훨씬 한산하고 평화롭기 때문이다.

선유도에서 꼭 해야 할 것들

신선이 노닌 듯 너무나 아름다운 섬, 선유도에서 꼭 해야 할 것들이 몇 가지 있다.

첫째, 자전거 혹은 스쿠터를 타고 섬 일주하기

길이 잘 닦여 있어서 자전거나 스쿠터 여행에 아주 좋은 섬이 선유도다. 여객선이 내리는 선유 2구에는 횟집과 편의시설이 몰려 있는 이른바 다운타운이다. 무녀도를 잇는 선유대교에 가까운 선유 1구에는 선유도에서 가장 고요하고 선한 바다가 있다. 명사십리 해수욕장을 지나 있는 조용한 선유 3구 마을에는 옥돌해변이라는 아주 작은 해수욕장이 있다.

망주봉으로 갈라지는 삼거리에서 산을 끼고 왼쪽으로 돌면 장자도로 가는 길

이다. 장자대교를 넘어 직진하면 대장도가 나오고 왼쪽으로 장자도가 시작된다. 장자도는 참 예쁜 섬이다. 고운 해변에 병풍 같은 뒷산이 둘러있고 그곳에 아기자기한 일주 산책로까지 만들어 놓았다. 이 조그만 섬에 과할 것 없이 맞춤한 포구도 정답다.

선유도에서 선유교를 건너면 무녀도가 나온다. 관광객의 소란에서 밀려난 이곳은 현지인의 생업에 더 충실한 섬이다. 무녀도는 넓은 섬이다. 원래 큰 섬이기도 했지만 호리병처럼 입구가 좁은 만을 제방으로 막아 더 넓어졌다. 막은 갯벌은 염전으로 개발했다. 이제는 더 이상 소금을 만들지 않는 소금밭이다. 스쿠터 여행자라면 말 달리듯 둘러보면 좋겠다.

둘째, 대장봉 오르기

선유도에는 등반할 수 있는 봉우리가 세 개 있다. 선유도에 있는 망주봉, 선유봉과 대장도에 있는 대장봉이다. 섬에서의 등반은 섬이어서 특별한 데가 있다. 바다를 보며 산을 오르고 오를수록 아름다운 바다 풍경을 만나며, 드디어 정상에 올랐을 때 최고의 경치가 발아래로 펼쳐진다.

대장봉은 봉우리 세 개 중 등산로가 가장 유순한 편이다. 빨간 다리를 가진 게가 자주 나오는 숲터널 길이 끝나면 암벽 구간이 나오는데, 암벽이라야 평이한 경사에 표면도 거칠어서 일반인들도 별 무리 없이 올라갈 수 있다. 이후 조금 더 가파른 숲길을 올라가면 정상이다. 정상에서 바라보는 장자도와 선유도의 풍경이 아주 멋지다.

등산 마니아라면 해발 152미터의 망주봉에 올라보자. 오르는 과정이 절대 만만하지 않지만 누가 뭐래도 객관적인 선유도의 제 1경은 망주봉이기 때문이다. 특히 그 황홀하다는 해넘이를 보기 위해서라면 망주봉 등반 도전은 의미가 있다. 그 위에 오르면 더 이상 무어라 할 수 없는 탁 트임, 너른 백사장과 광활한 갯벌, 아기자기하고 부드러운 곡선들이 손짓 너머 어림 되고, 바다와 땅의 타협

이 읽혀지며, 봉우리 아래 사람들의 두런거림이 생생히 들리는 낯선 경험도 하게 될 것이다.

   셋째, 낚시 체험

   개별 여행객은 그 비용이 만만치 않아 부담되겠지만 가족 혹은 친구 여러 명과 함께 온 여행자라면 선유도에서의 낚시 체험을 권한다. 낚싯배에서는 기본적으로 모든 채비를 마련해 주고, 낚시는 이른바 줄낚시로 주로 도다리와 노래미들을 잡는다. 고기를 제대로 잡지 못한 경우는 선장이 직접 준비한 생선으로 즉석 횟감을 떠 주기도 한다.

   그리고 이 모든 것들을 할 때는 어떻게? 무위도식하는 마초처럼 아주 느리고 게으르게.

그런데 선유도가 왜 마초 여행의 목적지가 되었을까?

   고군산 군도의 장자도에는 '도원이네' 라는 횟집이 있다. 서른일곱 도원아빠는 자신이 직접 잡은 자연산 회를 자신의 기막힌 칼솜씨와 장식 솜씨를 자랑하며 손님에게 내온다. 도원아빠의 외모는 이종격투기 선수처럼 강인하고 드세다. 말투, 행동, 술 마시는 자세 등이 제대로 뿌리까지 뱃사람 기질을 타고난 것처럼 보인다. 지금보다 조금 더 젊은 시절 육지에서 큰 가게를 말아먹고 섬사람이 된 도원아빠는 일주일에 5일은 배를 타고, 주말이면 가게를 지키는 책임감 강한 가장이다.

   망한 남편을 따라 이 섬에 들어온 그의 젊은 아내는 남편이 잡아온 고기로 매운탕을 끓이고 하얀 손으로 칼국수 반죽을 해서 식당을 한다. 그림도 잘 그려서 집 메뉴판의 칠판 그림을 직접 그렸다. 손님 앞에서도 거침없이 말을 하고, 주저 없이 소주를 입에 털어 넣는 남편과는 달리 도원엄마는 마치 정물처럼 조용히 움직이고 가끔 따뜻한 눈빛을 남편에게 보내며 횟집 안쪽에서 놀고 있는 도원이를 챙긴다. 어울리지 않는 듯, 너무 잘 어울리는 두 남녀를 보며 나는 김사인의 시를 떠올렸던 것이다.

선유도 정보

찾아가는 길
선유도로 가기 위해서는 일단 군산 여객선 터미널로 가야 한다. 선유도행과 장자도행을 타면 된다. 배는 하루 두 번 왕복이며 계절에 따라 배 시간이 변하니 꼭 확인하자(월명해운 063-471-8086).

선유도 안에서의 이동 수단
자전거가 주류를 이루고 비수기 때는 1박2일에 1만 원 정도로 합의도 가능하다. 골프장 카트는 가격이 다소 비싸나 여러 명이 이동할 때 유용하고 스쿠터는 아직 대중화되지는 않았다. 오전 배로 들어와 오후 배로 나갈 때까지 2만 원 정도.

주변 맛집
숙박업소 대부분은 식당을 겸하고 있다. 메뉴도 횟집으로 거의 통일되어 있으니 별다른 맛집을 찾지 말고 주인과 협상을 잘해서 메뉴를 다양하게 하는 편이 낫다. 장자도의 도원이네 횟집(010-3667-5841)은 회도 맛있고 칼국수도 맛있다.

숙소
계속해서 깨끗한 펜션들이 생겨나는 중이다. 사전에 인터넷으로 검색해서 예약하자. 화이트하우스(010-4652-4944), 선유민박(063-465-7275), 특히 장자도에서 숙박할 경우 바다풍경(010-2296-2435)의 전망이 참 좋다. 기타 자세한 정보는 선유도 닷컴(www.sunyudo.com)을 참조하자.

3장 가족, 함께하는 여행

핑크빛 분위기로 떠난다 춘천

아이에게 추억 만들어 주기 태안 해수욕장 호핑 투어

볼 것 많고 먹을 것 많은 여행지 담양

할머니 품처럼 아득하고 아련한 도시 강경

교과서 밖에서 만나는 통일과 평화 고성

의자

| 이정록

병원에 갈 채비를 하며

어머니께서

한 소식 던지신다

허리가 아프니까

세상이 다 의자로 보여야

꽃도 열매도, 그게 다

의자에 앉아 있는 것이여

주말엔

아버지 산소 좀 다녀와라

그래도 큰애 네가

아버지한테는 좋은 의자 아녔냐

이따가 침 맞고 와서는

참외밭에 지푸라기도 깔고

호박에 똬리도 받쳐야겠다

그것들도 식군데 의자를 내줘야지

싸우지 말고 살아라

결혼하고 애 낳고 사는 게 별거냐

그늘 좋고 풍경 조흔 데다가

의자 몇 개 내놓는 거여

핑크빛 분위기로 떠난다 | 춘천 |

누구에게나 추억의 도시가 있다. 가슴 시린 첫사랑의 추억이 깃든 곳일 수도 있고,
두 사람이 처음 연애를 시작했던 곳일 수도 있고,
혹은 이별의 아픈 기억이 있는 도시일 수도 있다.

/ 서로가 서로에게 의자가 되는 관계

서로가 서로에게 의자가 되는 관계란 아름답다. 부부도 그런 관계여야 할 것이다. 부부가 서로 젊었을 때는 상대가 자신의 의자라는 사실을 실감하지 못한다. 서로 다른 성격을 어쩌지 못하고 부부싸움 하고, 집안 문제로 속도 썩고, 고군분투하며 아이를 키우는 시간 속에서 상대가 의자라고 생각되기는커녕 아주 자주 시야에서 벗어나 있기도 한다. 그러다가 어느 순간 자신도 늙고 있다고 실감할 때 그 모든 삶의 강을 함께 건너온 배우자에게 대견함과 고마움을 느끼기 시작한다. 나 아플 때 내 옆에 있어 준 사람이다. 내 부모 돌아가셨을 때 가슴을 뜯으며 함께 울어 준 사람이다. 보기만 해도 감사한 우리의 아이들을 있게 했고 키워 준 사람이다. 내가 죽을 때 내 옆에 있어 줄 사람이고 당신이 죽을 때 옆에 있어 줄 사람은 나다. 그런 생각이 들 때, 비록 부부는 서로 근력이 떨어지고 주름은 늘었지만 이 사람이 나의 영원한 의자라는 것을 절감한다.

생각해 보면 아내와의 단 둘만의 여행은 신혼여행이 전부였다. 참 아득하게 느껴지는 과거의 시간이다. 가족 여행은 늘 아이들이 중심이었고 부부는 아이들 뒤치다꺼리하느라 여행지에서 서로를 챙겨 주지 못했다. 삶의 무게가 너무 커 질식할 것 같을 때는 차라리 혼자서 배낭을 챙겼다. 아내도 때때로 자기만의 여행을 요구했지만 그것을 실천할 수 있는 것은 남편의 승낙 여부에 달려 있지 않았다. 아내 스스로 아이와 남편을 놔 두고 떠나는 여행을 감히 실천할 강단이 없었다. 아니, 강단의 문제가 아니었다. 아내의 발 앞에 놓인 현실의 거치적거림이 너무나 많았다.

이제 아이들은 저 홀로 밥을 챙겨 먹을 만큼 컸고 부모의 부재를 오히려 해방이라 여길 정도로 자랐다. 아내와의 여행을 결정한 후 느닷없이 느껴지는 어색함은 그만큼 둘이서만 뭔가를 했던 것이 거의 없었던 슬픈 이유 때문일 테다. 이제 서로가 서로에게 의자가 되는 여행을 시작하려 한다. 그늘 좋고 풍경 좋은 곳을 찾아가서 맛있는 것을 서로 나눠 먹고 많은 말을 섞으며 우리의 의자를 여행지의 햇살과 바람 속에 내놓으려 한다.

/ 첫사랑의 추억을 간직한 곳, 춘천

누구에게나 추억의 도시가 있다. 가슴 시린 첫사랑의 추억이 깃든 곳일 수도 있고, 두 사람이 처음 연애를 시작했던 곳일 수도 있고, 혹은 이별의 아픈 기억이 있는 도시일 수도 있다. 굳이 사랑이 관련되지 않더라도 사람들의 기억 속에 그 어떤 특별함으로 작은 자리를 차지하고 있는 도시가 있는 것이다.

대표적으로 춘천이 그런 도시다. 지금은 얼굴도 잘 떠오르지 않는 옛 연인과 손잡고 소양강을 거닐던 추억, 경춘선을 타고 왁자지껄 떠들며 갔던 엠티에 대한 기억, 춘천과 관련된 좋아했던 유행가의 멜로디, 막국수와 닭갈비와 소주 등이 춘천을 이야기할 때 따라오는 부속품들이다.

춘천에는 세 가지의 맛이 있다.

하나는 가는 맛이다. 전철은 익숙해서 편리하고, 자동차는 설악·호명리 코

스 같은 최상의 드라이브 코스를 제공한다. 전철을 타고 가든 자동차로 가든 춘천 가는 길에는 늘 설렘이 있다. 춘천이라고 가만히 발음하는 그 순간조차 따뜻한 흥분감이 침처럼 감돈다. 춘천이 가진 참 이상하고 특별한 마력이다.

두 번째는 안개 낀 춘천의 새벽 냄새 맛이다.

사람이 그러하듯 모든 도시에는 그 도시 특유의 냄새가 있다. 여행자의 후각 정보는 그 냄새를 뇌 속에 기억시켰다가 그 도시를 떠올리는 순간 밥의 냄새, 술의 냄새, 소나무 냄새 등을 기억나게 한다. 춘천의 냄새는 안개 낀 새벽에 맡을 수 있다. 따뜻하기도 하고 눅눅하기도 하며 무언가 아쉽기도 한 냄새. 한바탕 열정이 휩쓸고 지나간 축제의 새벽 현장, 군대 가는 애인의 쓸쓸한 새벽 뒷모습, 이를테면 그런 류의 냄새를 춘천은 가지고 있다.

세 번째는 보는 맛, 먹는 맛이다.

춘천에 가면 소양감 댐이 있고, 남이섬이 있고, 아침 못도 있고, 잣나무 길도 있고 인형극장도 있다. 춘천에 가면 춘천 밖에서는 도저히 먹어 볼 수 없는 춘천표 닭갈비가 있고 구수한 메밀맛과 새콤달콤한 양념이 어우러진 막국수가 있으며 요소요소에 맛있는 식당들이 잠복해 있다.

구슬이 서 말이라도 꿰어야 보배. 정말 오랜만에 떠나는 부부여행, 가장 최적의 코스로 '탁 집어 콕' 일정을 짜 보자.

자가용 부부를 위한 탁 집어 콕

STEP1 오전 열 시쯤 차에 오른다. 경춘고속도로나 46번 국도를 무시하고 가장 낭만적인 코스로 차를 몬다. 청평 – 가평을 우회하는 설악·호명리 코스를 달려 보는 것이다. 올림픽대로를 타고 끝까지 가서 팔당대교를 건넌다. 6번 국도 타고 터널을 5개쯤 지나면 봉안대교가 나오고 건너자마자 오른쪽으로 빠지면 양수리(두물머리)로 갈 수 있다. 출출하면 오이소박이국수, 동치미국수, 청기와순두부집 등 유명한 음식점에서 식사를 한다.

다시 46번 국도를 타고 가다 설악·호명리 방면으로 우회전한다. 대부분 그냥 청평 지나서 가평 방면으로 가게 되는데, 조금 우회하는 시간을 아까워 말고 호명리 쪽으로 돌아가는 길을 꼭 한번 가보기 바란다. 그래 봐야 20분 더 걸린다. 그 대신 달리는 내내 청평호와 북한강을 옆으로 끼면서 최상의 드라이브 코스를 맛볼 수 있다. 그렇게 북한강을 끼고 경치를 즐기면서 끝까지 가면 남이섬이 나오고 다시 46번 국도를 만나게 된다.

STEP2 가볍게 한 시간 정도 드라이브를 즐긴다. 소양강을 끼고 소양댐을 향해 올라가는 길도 좋고, 화천으로 향하는 407번 지방도를 한 바퀴 도는 것도 괜찮다. 빙어철이나 여름 물놀이철이 아닌 다음에야 별로 밀리는 일이 없는 길이다. 길옆으로 강이 펼쳐진 호젓한 길이다.

STEP3 중간에 간식을 먹지 않았다면 슬슬 배꼽시계가 점심시간을 알릴 때가 되었다. 소양댐 변 옥광산 근처의 옥산막국수에서 보쌈과 쟁반막국수로 점심을 먹는다. 보쌈에 고기를 싸서 서로 먹여 주는 것도 오랜만에 해보는 정다운 느끼함일 테다. 원래 이 동네에서 그런 닭살 퍼포먼스는 불륜의 관계끼리만 한다는 것이 통설이지만, 엄연한 부부가 불륜으로 비치는 것도 또한 재미있지 아니한가.

주변 맛집 : 옥산막국수(033-241-2017)

STEP4 소양댐 주차장에 잠시 차를 세우고 청평사로 들어가는 배에 오른다. 두어 시간 정도 호젓하게 데이트를 즐기다 보면 어느덧 배 끊길 시간이다. 과거 어느 시절에는 이곳에서 "어머 배가 끊겼네" 전법이 상당히 잘 통했다던 바로 그 청평사지만 지금은 안에 숙박시설도 있다. 바야흐로 낭만의 시대가 거去하고 현실의 시대가 내來한 것이다.

청평사 오르는 길은 여유가 있다. 누군가가 나무에 매어 둔 시도 감상해 보고, 거북바위가 뭔지도 찾아 보고, 구성폭포와 우리나라 전통 정원인 청평사 영지도 보고, 약숫물 나오면 받아 마셔보기도 하면서 넉넉한 한 시간의 산책을 즐기자. 그렇게 청평사에 다다르면 대웅전에 들어가서 합장하고 기도도 해 보고, 극락보전도 둘러보고, 누군가 쌓아놓은 돌멩이들 위에 우리 것도 하나 올려 놓고 소원도 빌어보고 그렇게 좋은 시간을 보내는

것이다.

STEP5 겨울이라면 슬슬 저녁이 내리기 시작할 시간. 노을 진 강변을 잠시 드라이브하자. 봄가을이라면 나룻배도 좋고, 여름이라면 바나나보트나 땅콩보트 등 레포츠도 좋은 방법이다.

STEP6 춘천까지 와서 닭갈비 안 먹으면 또 서운하다. 소양강변 쌈쌈숯불닭갈비를 권한다. 모닥불을 피워 놓은 야외에서 조명들을 바라보며 "나중에 또 오자 여보야~"라는 부도수표를 남발하는 것도 용서된다.

주변 맛집 : 쌈쌈숯불닭갈비(033-241-2003, 소양댐 부근 세월교 앞)

STEP7 어느덧 깜깜한 밤. 집으로 올라가거나 기분 내키면 춘천과 가평 등의 네온사인 번쩍이는 러브모텔에서 1박을 한다.

뚜벅이 부부를 위한 탁 집어 콕

STEP1 전철이나 시외버스로 오전 열 시 무렵 춘천에 도착한다.

STEP2 중도 유원지로 간다. 보트를 타고 의암호를 한 바퀴 도는 것도 괜찮고, 2인용 자전거를 대여해서 중도를 한 바퀴 도는 것도 좋다. 남편이 앞에 앉고 부인이 뒷좌석에 앉아 꺄르륵 거린다면 제법 〈겨울연가〉 필도 낼 수 있겠다. 과거 데이트 때보다 아내가 많이 무거워졌다고 슬퍼하거나 노하지 마시길. 뱃심과 팔뚝심으로 이겨낸 세월이다. 역도 여왕 장미란 보듯 어여뻐 보라.

STEP3 명동 닭갈비 골목에서 점심을 먹는다. 예전보다 양이 좀 줄긴 했지만 아직 춘천의 닭갈비 양은 전국 최고를 자랑한다. 1인분에 밥을 볶으면 두 명이서 배부르게 먹을 수 있다. 단지 닭갈비 골목의 풍물을 구경하기보다는 진짜 맛있는 닭갈비 혹은 막국수를 먹고 싶다면 아래 소개되는 맛집 코너를 참조하면 된다.

STEP4 맛있는 음식을 먹었다면 잣나무길 산책을 권한다. 7백 미터의 잣나무길은 길지는 않지만 운치는 제법 있다. 그 길에서 조금 더 가면 아침못이라는 비경의 연못이 숨어

있다. 공지천 조각공원이나 위도 공터 등도 좋은 산책 코스다. 문화에 대한 애정이 강한 부부라면 인형극 박물관과 애니메이션 박물관에 들러 보는 것도 좋겠다.

STEP5 노을 진 호숫가에서 잠시 운우의 정을 속삭이다가 해가 지면 구봉산으로 간다. 먼저 저녁을 먹자. 아래에서 소개하는 유천식당 청국장 정도면 좋은 선택이 될 듯하다.

STEP6 구봉산 전망대 주변의 카페에서 춘천의 야경을 바라보며 차를 한 잔 나누고 짧지만 달콤했던 춘천에서의 하루를 되새긴다. 전망대 아래로 '하얀 추억', '헤븐' 등 실내가 예쁜 카페가 몇 곳 있다.

춘천 정보

찾아가는 길
전철 | 상봉에서 출발해서 춘천을 종점으로 한 경춘선 전철이 15~20분에 한 대씩 운항하며 일반과 급행 두 종류가 있는데 실제 춘천에 닿는 시간은 큰 차이가 없으므로 먼저 오는 것을 탄다. 상봉에서 춘천까지 일반 80분, 급행 63분이 걸린다.
고속버스 | 상봉터미널이나 동서울터미널에서 춘천행 직행버스를 이용(약 2시간 소요, 20분 간격)
승용차 | 가장 빠른 코스 : 내비게이션에 '춘천' 을 찍고 경춘고속도로 타기, 50분이면 춘천 도착
낭만적인 코스 : 팔당대교 → 6번 국도 → 두물머리 오른쪽으로 끼면서 45번 국도 → 46번 국도 → 신청평대교 → 설악·호명리 방면으로 우회전하면 최상의 드라이브 코스 전개 → 46번 국도 재합류 후 춘천

청평사(033-244-1095)
뱃시간 | 첫배 09:30 / 마지막 배 16:40 **관람료** | 2,000원 **도선료** | 왕복 6,000원

중도(033-242-4881)
뱃시간 | 첫배 09:00 / 마지막 배 18:00 **관람료(입장료+도선료)** | 어른 5,300원 / 어린이 3,400원

잣나무길
위치 | 강원도 춘천시 신북읍 유포리 춘천 운전면허시험장 옆, 하와이사우나 온천 맞은편

주변 맛집
퇴계동 우성 닭갈비(033-242-8484) 개운하고 기분 좋은 매운 닭갈비와 고구마, 떡이 빚어내는 화려한 오케스트라. 온의 사거리 지난 후 큰 사거리에서 우회전 오일뱅크 옆 골목
1.5 닭갈비(033-253-8635) 깻잎 등 강렬한 채소를 극도로 자제해 질림이 없고 자극적이지 않은 맛. 강원대 후문 직진 후 보안사거리 지나 왼편
퇴계 막국수(033-255-3332) 쫀득쫀득하면서도 시원하며 구수한 춘천 막국수의 지존. 편육도 최고. 시외버스 터미널 지나 온의 사거리에서 우회전
샘밭 막국수(033-242-1712) 구수한 육수와 풍성한 양념이 어우러진 부드러운 막국수는 편육과 더불어 가히 국보급. 소양댐 세월교 건너 좌회전 후 직진
신토불이 유천식당의 청국장(033-252-7360) 춘천 사람들은 좋겠다. 이렇게 맛있는 청국장을 먹을 수 있어서…. 구봉산 아래

아이에게 추억 만들어 주기

| 태안 해수욕장 호핑투어 |

율포의 기억

| 문정희

일찍이 어머니가 나를 바다에 데려간 것은
소금기 많은 푸른 물을 보여주기 위해서가 아니었다
바다가 뿌리 뽑혀 밀려 나간 후
꿈틀거리는 검은 뻘밭 때문이었다
뻘밭에 위험을 무릅쓰고 퍼덕거리는 것들
숨 쉬고 사는 것들의 힘을 보여주고 싶었던 거다
먹이를 건지기 위해서는
사람들은 왜 무릎을 꺾는 것일까
깊게 허리를 굽혀야만 할까
생명이 사는 곳은 왜 저토록 쓸쓸한 맨살일까
일찍이 어머니가 나를 바다에 데려간 것은
저 無爲한 해조음을 들려주기 위해서가 아니었다
물 위에 집을 짓는 새들과
각혈하듯 노을을 내뿜는 포구를 배경으로
성자처럼 뻘밭에 고개를 숙이고
먹이를 건지는
슬프고 경건한 손을 보여주기 위해서였다

/ 이제는 우리가 기억을 만들어 줄 차례

미국 UC 어바인 대학의 엘리자베스 로프터스 박사는 25년 동안 2만 여명을 대상으로 실험한 기억 관련 연구 결과를 다음과 같이 정리한다. '기억이란 쉽게 조작할 수 있고, 깨지기 쉬우며, 되살린 기억 중 일부는 사실이 아니다.' 기억이란 서랍 속에 정리가 잘된 서류철 일부분이 아니라 물이 담긴 그릇에 뒤섞인 한 스푼의 우유라고 비유하며 물과 우유는 따로 구분할 수도 없고 수없이 변형되는 것이라고 설명한 것이다.

저명한 교수의 연구 결과에 의존하지 않더라도 가끔 우리는 오랜만에 오래전 친구를 만나 이야기를 나누다 보면 흥미로운 사실을 발견한다. 똑같은 사건을 두고 내가 기억하는 것과 친구가 기억하는 것이 많이 다르다는 것이다. 둘 다 심하게 다투었던 사건은 기억하는데 다툼의 원인에 대해서는 각자 자신의 방식대로 생각하고 그것을 여태까지 기정 사실로 여겨 왔음을 확인한다. 이렇듯 인간은 누구나 당시의 시점에서 가장 주관적인 방식으로 그 무언가를 기억 인자에 보관하고 자기가 처한 현재 상황에서 과거를 미화하거나 훼손한다.

어린 시절 어머니의 손에 이끌려 바닷가에 왔던 시인의 기억은, 철저하게 어른이 된 시인의 시각 속에서 재창조된다. 실제로 어머니가 자신의 어린 딸에게 바닷물이 아닌 검은 뻘밭 속의 작은 생명들을 보여 주려 했었을까? 파도 소리를 들려 주기 위함이 아니라 새와 인간의 노동을 보여 주려 했었을까? 이 시를 읽는 대부분의 사람은 그렇게 생각하지 않을 것이다.

딸이 어머니의 손에 이끌려 바다를 봤던 것은 사실일지라도, 바다의 풍경을 새롭게 해석하는 것은 어른으로 성장한 시인의 감성임을 우리는 알고 있다. 먹이 앞에서 무릎을 굽혀야만 하는 인간살이의 고단함을, 온몸을 삼킬 듯 빨아들이는 뻘밭 속에서 전투를 벌여야 하는 노동의 치열함을, 그러나 생명이 가진 고귀함과 엄숙함으로 인해 그 고단함과 치열함이 슬프도록 경건해 보인다고 시인의 감성은 노래하고 있다.

이렇게 건강한 시를 쓸 수 있는 시인의 감성에 찬사를 보낸다. 그리고 그보다 더 큰 찬사는 시인의 어머니에게 드리고 싶다. 애초부터 어머니가 만들어 준 바다의 경험이 없었다면 시인은 '율포의 기억'이라는 새로운 기억을 창조하지 못했을 것이고 이토록 건강한 감성을 표현하지 못했을 테니까. 어머니는 젖과 밥으로 우리 유년을 키워준 분이면서, 우리 모든 기억의 처음을 열어 주신 분이다. 이제 그 역할을 어른이 된 우리가, 우리의 아이들에게 해야 할 차례이다.

/ 태안 해수욕장에서 좋은 부모 되기

누구나 좋은 부모 되기를 꿈꾼다. 그러나 이것이 참 쉽지 않다. 그리고 무엇이 좋은 부모인지도 헷갈린다. 자상한 엄마? 엄한 아빠? 공부를 함께 하는 부모? 아이를 자율적으로 키우는 부모?

그 판단은 각자가 알아서 해야 할 것이겠지만, 단언컨대 아이와 여행을 자주 하는 부모는 좋은 부모다. 아이가 여행의 현장에서 무엇을 얻고 무엇을 느끼고는 중요하지 않다. 그리고 알려고 할 필요도 없다. 그래 봐야 어른의 눈높이에서 판단하는 것들이다. 우리의 부모가 우리에게 그러했듯 우리도 우리의 아이들이 나중에 기억할 수 있는 무언가를 끊임없이 제공해 주는 것이 필요하다. 그 기회가 많으면 많을수록 좋다는 것이 내 생각이다.

그런 의미에서 이번 여행의 테마는 '아이와 함께 떠나는 여행' 이다. 자식이 있으면 자식과, 자식이 없으면 조카와, 조카가 없으면 친구의 아이라도 데리고 떠나는 것이다. 어디로? 해수욕장으로. 수영하러? 아니다.

해수욕장 하면 무엇이 떠오르는가? 수많은 로맨스 영화의 배경이 되었던 석양빛 물든 풍경이 그려지시는지? 아니면 한여름 바캉스 인파로 미어 터지는 강원도 어디쯤이 생각나시는지? 아무래도 후자 쪽이 더 현실적인 상상일 것이다. 좁은 국토에, 사람들이 시즌에만 몰리다 보니 해수욕장이 마치 대중목욕탕처럼 돼 버리는 현실이다.

그러나 모든 경치 좋은 곳에 사찰들이 '꼭!' 있는 것처럼 가장 그림이 되는 곳에 해수욕장이 있는 것이 하나의 법칙이다. 나름의 멋진 매력들이 있으니 사람들을 유혹하는 해수욕장으로 명칭 된 것일 테고 대충 후진 곳이라면 그곳은 그냥 동네 아이들 놀이터로 남아 있었을 것이다. 그리하여 본격적인 휴가철이 시작되기 전이거나 이미 휴가철이 끝난 시점에 해수욕장으로 소풍을 다녀오는 여행은 의외로 많은 기쁨을 받는다.

크고 작은 해수욕장이 보물처럼 숨어 있는 곳

해수욕장 호핑으로 태안은 아주 적격이다. 크고 작은 해수욕장이 보물처럼 숨어 있기 때문이다. 게다가 해수욕장도 예쁘지만 해수욕장을 찾아가는 그 길도 아주 기가 막히다. 왕복 2차선 잘 닦인 지방도로 주변에 바다가 나타났다가 녹색의 마늘밭이 나타나기도 하고 길가의 노란 꽃들이 흐드러지게 피어 있다가

다시 잔잔한 논들이 보이기도 한다. 슈베르트 가곡 정도의 클래식을 들으면서 달려 보면 더욱 더 기가 막힌 운치가 느껴질 것이다.

서해안 고속도로 덕분에 태안반도는 서울에서 불과 2시간이면 닿을 수 있는 거리가 되었다. 태안반도 하면 안면도가 떠오르겠지만 해수욕장 테마로는 태안반도 북쪽이 제격이다. 그곳에는 크고 작은 해수욕장들이 쉼 없이 널려 있다. 갈음이, 어은돌, 통계, 신두, 학암포, 구름포, 꾸지나무골 등 이름도 참 특이하고 재미있다. 징검다리 폴짝폴짝 건너듯 이곳들을 호핑하다가 정말 내 맘에 쏙 드는 해수욕장에서 산책도 하고 조개도 잡고 해 보는 것이다.

꾸지와 학암포

서산IC에서 바로 좌회전을 한다. 32번 국도를 타고 태안, 원북 방면으로 간다. 여기서 603번 지방도를 타고 반계 삼거리까지 간다. 가장 먼저 갈 곳은 꾸지나무골 해수욕장이다. 반계 삼거리에서 이원면 내리 쪽으로 올라가다가 작은 고개를 넘어가면 왼편으로 꾸지나무골 해수욕장이 나온다. 울창한 소나무 숲 아래에 작고 평화로운 해수욕장이 숨어 있다. 물결도 잔잔하고 깊지 않아 아이들 물놀이하기 좋은 곳이다. 모래도 아주 곱다. 다만 화장실이 제대로 관리가 되지 않아 지저분하고 해수욕장 입구의 쓰레기장이 눈에 거슬린다.

다시 반계 삼거리로 내려온다. 오는 중에 박속낙지탕이라는 간판이 붙은 식당들을 몇 개 볼 수 있을 것이다. 박속낙지탕은 태안의 대표적인 토속 음식이다. 박 속에 무, 파, 고추, 감자, 육수 등을 넣고 팔팔 끓인 뒤에 싱싱한 산 낙지를 넣어 다시 한 번 끓이는 요리로 양념장이나 초장에 찍어 먹는 낙지의 쫀득서

리는 맛이 독특하다. 낙지를 다 먹고 나면 그 국물에 수제비와 칼국수를 끓여 주니 한 끼 식사치고는 아주 든든한 음식이다. 맛집은 아래에 별도로 정리한다.

반계 삼거리에서 좌회전 후 634번의 아름다운 길을 타고 가다보면 닷새 삼거리가 나온다. 좌회전을 하면 신두리 해수욕장이 나오고 계속 직진을 하면 학암포 해수욕장이다. 학암포 해수욕장은 입구부터 대형 해수욕장다운 위용을 자랑한다. 많은 상가와 큰 주차장, 단체 버스 등이 벌써 이곳이 태안의 대표 해수욕장이라는 것을 눈치 채게 한다. 백사장 길이는 1킬로미터 정도 되고 폭은 700여 미터로 아담한데 먼저 갔던 꾸지나무골보다는 규모가 큰 편이다. 해수욕장 양측에 병풍처럼 만이 둘러싸져 있어서 포근하고 중앙에 학처럼 생긴 바위가 불쑥 나와 있다. 그 바위로 인해 이 해수욕장의 이름이 학암포가 됐다고 한다. 슬쩍 둘러보고 사진 찍었으면 이제 바로 차를 타자. 우리가 최고의 시간을 보낼 곳은 바로 다음 해수욕장이다.

바다의 사막을 보다, 신두리 해수욕장

이제 다시 오던 길을 되돌아가 신두리 해수욕장으로 간다. 바람을 타고 내륙으로 날아온 바닷모래가 엄청난 사구를 만들었다. 그래서 신두리 해수욕장을 이야기할 때 꼭 가지고 오는 단어가 바로 '사막'이다. 사막처럼 광활한 해수욕장. 2001년에는 해안 중 유일하게 천연기념물로 지정될 정도로 소중한 생태학적 가치를 인정받고 있는 곳이기도 하다.

반계 삼거리에서 온다면 닷새 삼거리까지 와서 좌회전을 하면 된다. 신두 2구 마을 삼거리에서 우회전한 후 3킬로미터 정도 더 들어가면 기분 좋게 울퉁불퉁한 비포장도로가 나오고 조금 더 가면 해수욕장 입구가 나온다(닷새에서 7.3킬로미터).

드디어 보이는 사막, 아니 해수욕장! 고만고만하고 꽉 막힌 기존의 해수욕장과는 비교 자체가 불가능하다. 사구 길이 3.2킬로미터, 최대 너비 1.2킬로미터의 세계 최대 해안사구. 1억5천 년 동안 쌓이고 쌓인 모래가 모래언덕과 무려 5킬로미터에 이르는 근사한 해변을 만들었다. 발리의 꾸따 비치, 하와이의 와이키키, 푸켓의 내로라하는 비치들이 신두리에서 와서 울고 갈 지경이다. 이곳에서 아이들은 난리가 난다. 너른 초원에서 뛰어 노는 망아지 같다.

아이들은 두꺼비집을 짓고 모래성을 쌓으며 놀기 바쁘다. 엄마는 조개와 소라게를 잡고 아이들도 제 엄마를 따라 꿈틀거리는 신기한 생명들을 잡아들인다. 아이들도 나중에 커서 이곳을 떠올리며, 먹이를 건지기 위해 사람들이 무릎을 꺾고 허리를 굽히는 장면을 기억해낼 수 있을까? 한쪽에서 공놀이하는 청년들의 함성과 바다 쪽으로 두 손을 꼭 잡고 걸어가는 연인들, 연방 사진을 찍으며 미소를 날리는 가족들의 모습이 정말 아름답다. 간조 무렵에는 모래 갯벌과 해빈까지 사막풍경의 연출에 일조한다. 모종삽을 미리 준비해 가면 여러모로 요긴하다.

특히 신두리 해수욕장은 갯벌이 푹푹 빠지는 정도가 아니라서 걷기에 참 좋다. 물도 무릎 위를 넘지 않아서 유모차를 끌고 다닐 수 있으니 갓난아기를 둔 가족 여행에 아주 그만이다. 뻘밭에 선명하게 꼼지락거린 생명체들과 그들의 흔적, 광활한 바다와 모래해변, 그 위를 산책하는 사람들까지 신두리에서는 이 모두가 모여 하나의 작품이 된다.

태안해수욕장 정보

주변 맛집
원풍식당(041-672-5057) 맑고 담백하며 매콤하면서 시원하고 얼큰하면서 부드러운 박속낙지국물 맛은 술꾼들의 해장에는 가히 최고. 원북 새마을금고 앞에 있다.
그 밖에 이원면의 이원식당(041-672-8024), 태안터미널 맞은편의 정가네 박속낙지탕(041-675-8001)도 유명하다.

볼 것 많고 먹을 것 많은 여행지
| 담양 |

그 이름 생각만 해도 눈물겨운

| 권경업

부딪치면 쉽게 부서지던 삶, 까짓 온 몸

불 위에 던졌기에, 그래도

헐거운 문설주에 찬바람 징징대는 겨울밤을

등 따습게 보내었다

미어지던 가난이 골목길 돌아

눈물처럼 비틀거리며 얼어붙은 산동네

허기지던 노동의 새벽길에

유언도 없이 하얗게 뿌려지던

중증의 골다공증을 앓던 뼛가루

그래 묻지 않았다, 고향

싸릿재 너머 사북 고한

막막하던 막장의 그 어둠 속 어디쯤이냐고

초라해도 당당하던 한 삶을

뿌듯한 자부심으로, 교훈처럼 전설처럼

어린 아들에게 구전으로 전해보지만

우리는 그저 노란 배관을 타고 와서, 딸깍

손쉽게 불붙는 도시가스일 뿐

예전 당신들의 처절하던 모습으로는 비춰지지 않는다

초로의 야윈 내 가슴에

아직 고스란히 온기로 돌고 있는

그 이름 생각만 해도 눈물겨운

어머니라 부를 연탄

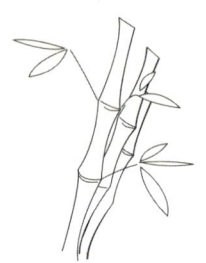

/ 부모와 자식, 그 먼 관계의 거리

　자식은 겉만 낳는 것이지 속까지 낳는 것은 아니라고 한다. 품안의 자식일 뿐 녀석들은 자라면서 부모의 뜻과 마음대로 따라 주지 않는다. 하는 행동도 덤벙대고, 미래에 대해 뚜렷한 목표도 없어 보이면서 밥을 먹고 반항심만 키웠는지 부모의 말에 우선은 거역부터 한다. 부모 속은 뒤집어지고 본전 생각이 슬슬 나면서, 저런 것을 키워서 무얼 하나 하는 생각도 든다. 오늘도 이 땅의 수많은 부모는 자식 때문에 기쁘고 자식 때문에 좌절하며 그렇게 자식을 마음의 중심에 두고 일희일비한다.

　그러나 지금의 부모라고 뭐 다를 것이 있었을까. 게다가 부모의 부모 세대는 지지리도 배고픈 시절에 살았던 사람들이다. 〈워낭소리〉의 아버지처럼 평생 소를 끌고 땅을 갈며 자식을 공부시키고 등골이 휘어지는 것이 무엇인지를 보여준 분들이다. 보릿고개가 있었던 배고픈 시절, 자식들에게만은 그런 고생을 시키지 않겠다는 마음 하나로 대한민국의 산업을 일궜고 그 속에서 자식들을 성장시켰다.

　사북의 막장 지하 어느 깊은 땅속에서 시커먼 숯덩어리의 보잘 것 없는 몸으로 태어나 연탄이라는 완성형이 되고, 그 검은 몸을 자식들을 위해 과감히 불

속에 던진 부모의 부모들. 그리고 늙어 하얀 연탄가루처럼 대책 없이 쇠진되고 분해되는 삶이었으나, 이미 도시가스의 편한 삶을 알아 버린 지금의 부모들은 당신들의 회상조차 잔소리나 넋두리로 흘려 버렸다. 그러다 부모가 영원히 땅 속으로 들어가게 될 때 우리는 회한의 눈물을 흘리며 부모는 절대 기다려 주지 않는다는 것을 뼈저리게 실감했던 것이다. 우리가 우리 부모에게 행했던 불효의 업보일까? 도시가스에서 진화해서 태양에너지가 돼 버린 우리의 아이들도 부모의 마음을 헤아리지 못한다. 그래서 그렇게 속을 뒤집어 놓는다.

튼실하게 자라 주는 것만으로도 자기 역할을 다하는 것

그런데 어쩌면 이것은 자식 된 자와 부모 된 자가 숙명처럼 가지고 태어난 관계의 본성일 수 있다. 우리가 우리의 부모에게 그랬고 우리의 부모들이 그들의 부모에게 똑같이 불효했던 것처럼, 세상의 모든 자식의 속성은 부모의 속을 요동치게 하는 것인지 모른다.

김두식 선생은 그의 책 〈불편해도 괜찮아〉에서 선배의 말을 빌려 '지랄총량의 법칙'이라는 표현을 썼다. 사춘기가 되면서 속 썩이는 딸 때문에 고민할 때,

선배가 이런 말을 했다고 한다. "모든 사람은 평생 동안 써야 할 지랄의 총량이 있어서 어느 사람은 그걸 일찍 다 소진하는 사람도 있고 어떤 사람은 아주 늦게 병이 도지는 사람도 있다. 어느 쪽이든 쓰는 양은 똑같다." 그 말을 듣고 저자는 큰 위로를 받았다고 한다.

그러므로 차라리 속 편하게 생각할 일이다. 그저 자식새끼 건강하게 자라고, 밥상에서 씩씩하게 제 몫의 밥을 뚝딱 먹어 치우고, 엉덩이 튼실하게 자라 주는 것만으로도 자식은 자기 역할을 다 하는 것이라고 인정해 버리자. 여행이라도 가서 녀석들이 환하게 웃어 주는 것이, 우리가 불효한 우리의 부모들에게 바치는 좋은 선물이라고 생각해 버리면 마음이 훨씬 편해진다. 하늘나라에서 당신들이, 당신 강아지 같은 손자의 건강한 미소를 본다면 '그놈 참 예쁘게 크고 있네'라며 행복해 하시지 않겠는가?

/ 다양한 요소가 갖춰진 담양, 아이와 떠나자

때로는 천사 같고 때로는 악마 같은 아이를 데리고 떠나는 여행지로서 담양은 여러 가지로 적격이다. 팔각성냥 통 속에 꼼꼼히 채워진 성냥알처럼 다양한 관광 요소가 알차게 갖춰진 곳이 담양이다. 2박3일이면 좀 지루하고 1박2일이면 아주 알찬 담양에는 우선 가사문학이 있다. 그리고 선비정신과 풍류가 한껏 어우러진 정자와 정원들이 있다. 그리고 대나무가 있다. 그래서 담양에 가면 사시사철 눈이 시리도록 대나무를 만날 수 있고 대나무와 바람의 교향곡을 들을 수 있으며 죽림욕을 원 없이 할 수 있다. 담양의 먹거리는 떡갈비와 죽통밥으로 대표된다고 하는데 그것뿐이 아니다. 담양에는 음식의 고장 전라도답게 맛있는 음식들이 지천이다.

자연 속의 자연, 소쇄원

가장 먼저 들를 곳은 소쇄원, 식영정, 면앙정이다. 모두 한 곳에 위치해 있다.

조선 중기 양산보(1503-1557)가 은둔하면서 3대에 걸쳐 조성한 민간 정원 소쇄원이 가장 유명하다. 은사인 정암 조광조가 기묘사화로 유배되어 세상을 떠나자 속세에 환멸을 느끼고 이

정원을 꾸몄다고 하는데, 그 각박한 정서 속에서도 이 정도의 아름다움을 조성할 수 있었다고 하는 것 자체가 기이하다.

입구에 발을 들여 놓으면 대숲의 고장 담양답게 시원한 대나무가 하늘을 찌르면서 펼쳐진다. 쭉쭉 뻗은 대나무가 청정하기 그지없고 대숲과 바람 소리가 만들어내는 하모니는 쉬익쉬익 청량하다. 500년 전 거의 원시림이었을 이 장소에 은거지를 만들겠다고 했다면 그 발상에의 실현은 지극히 자연적이었을 것이다. 자연을 훼손한다는 것은 생각할 수도 없는 일이고 그저 몇 개의 나무를 벌목하고 오솔길을 내고 비 피할 처마를 세우고 그것으로 끝이었을 것이다.

실제로 소쇄원은 자연 속의 자연이다. 사람이 살았던 곳이라고 하여 특별히 인공적인 것도 없다. 엉덩이가 없는 바람에 비해 엉덩이가 있는 사람이니 걸칠 자리가 필요하고, 비가 오면 구름 뒤에 숨는 해님에 비해 사람은 그 비를 고스란히 맞아야 했으니 지붕이 필요했을 뿐이다.

입구에서 전개되는 전원前園은 대봉대와 상하지, 물레방아, 그리고 애양단으로 구성되어 있다. 입구를 지나 다리를 건너면 제월당과 내원이 나오는데 소쇄

원의 가장 중심이 되는 공간이다.

제월당은 '비 갠 하늘의 상쾌한 달' 이라는 뜻을 가졌다. 정면 3칸, 측면 1칸의 팔작지붕 건물은 정원을 내려다보고 있고 뒤로는 산을 등지고 있다. 비록 관광객들이 많아 여유는 없지만 제월당 마루에 앉아 생각을 비우고 있는 느낌은 썩 괜찮다.

그 아래로는 광풍각이 있다. 비 갠 뒤 해가 뜨면서 불어오는 청량한 바람이라는 뜻이다. 이름 한번 멋지게 짓는다. 손님을 위한 사랑방 용도였던 이 팔작지붕 한식은 문이 특이하다. 뒤쪽 한 면만 벽으로 고정하고 세 면 모두 천장에 문을 걸 수 있게 했는데, 빛이든 바람이든 사랑방에 언제든 들어올 수 있으니 광풍각이라는 이름이 틀린 것도 아니다. 광풍각 바로 앞, 정원을 통과하는 창계천 계곡은 광주호로 흐른다.

그림자가 쉬어가는 곳, 식영정

그림자도 휴식이 필요한 걸까? 그리고 휴식이 필요하다면 그림자는 어디서 휴식을 취할까? 그림자가 휴식을 취한다는 이름을 가진 식영정에 가 보면 정말 '이름 한번 제대로 지었구나' 라는 감탄이 나올 정도로 고즈넉한 운치를 제대로 느끼게 된다. 소쇄원이 이름도 더 많이 알려졌고 그래서 유료로 운영되면서 관광객들로 붐비는 반면, 그보다 덜 알려지고 무료인 식영정은 오히려 사람의 발길이 뜸해서 제대로 된 정자의 분위기를 자아낸다. 명종 15년(1560년) 서하당 김성원이라는 사람이 만들어서 장인에게 선물했다고 하는데 사위 잘 둔 장인의 정자로서가 아니라 송강 정철이 이곳에서 성산별곡을 만들었다고 하여 더 유명한 곳이 되었다.

돌계단을 올라서 언덕 위에 올라가면 아담한 팔작지붕의 정자가 나오는데, 한쪽 귀퉁이로 방을 몰아붙이고 전면과 측면을 마루로 둔 특이한 구성을 하고

있다. 성산별곡의 시비가 번듯하게 한쪽에 있으며 잘생긴 소나무가 하늘을 향해 쭉쭉 뻗어 있다. 언덕 아래로는 광주호가 제대로 조망되면서 더욱 더 분위기를 자극한다. 식영정 안쪽의 예쁜 벤치에 앉아서 평생을 자신과 함께 하고 있는 그림자에게 휴식을 시켜 주기에 더없이 좋은 곳이 바로 식영정이다. 가사문학관은 식영정 옆에 있다.

대나무, 대나무, 대나무

대나무 고장에 왔으니 대나무를 본격적으로 만나 보자. 시내에 있는 죽녹원은 낮에 가도 좋고 밤에 가도 좋은 대나무 공원이다. 밖에서 볼 때는 큰 기대감을 불러일으키지 않지만 막상 안으로 들어가면 멋진 대나무 조경과 정성 가득한 테마, 세심한 관리가 느껴져 기대 이상의 만족을 얻게 되는 곳이 죽녹원이다. 총 5만 평의 부지에 운수대통 길, 사랑이 변치 않는 길, 죽마고우 길, 추억의 샛길

(150미터, 6분 소요) 등을 만들어 놓았다. 특히 밤이면 조명이 멋지게 들어온다.

대나무 박물관은 말 그대로 박물관이다. 총 5만 제곱미터 부지에 대나무 박물관, 무형문화재 전수관, 죽종장, 대나무 테마공원 및 대나무 놀이시설과 죽제품 판매상가가 들어서 있다. 죽제품 사실 분들 혹은 대나무를 이용해 기념품 하나 만드실 분들이라면 들러 보시라.

대나무골 테마공원은 1만 평의 부지에 개인이 조성한 대나무 숲이다. 죽녹원이 인공의 냄새가 가미된 아기자기함이 있다면 테마공원에서는 야생의 대나무를 맘껏 만나 볼 수 있다. 그러나 좋은 것도 한두 번이라고 죽녹원, 대나무 박물관, 대나무골 테마공원까지 모조리 섭렵하면 대나무에 질릴 수 있으니 박물관과 공원, 둘 중 하나를 선택하는 것이 좋을 듯하다.

메타세쿼이아 길과 금성산성

담양에서 만나는 메타세쿼이아 가로수 길은 아주 신선한 여행의 덤이다. 2002년 산림청과 생명의 숲 가꾸기 국민운동본부가 '가장 아름다운 거리 숲'으로 선정할 만큼 아름다운 가로수 거리인 이 길은 대나무골 테마공원에서 금성면으로 가는 29번 국도 우측에 약 2킬로미터 정도 이어져 있다.

이 멋진 길을 천천히 드라이브하거나 혹은 두 다리로 걸어 본 후 금성산성을 간다. 산성을 간다고 해서 케이블카 타고 가거나 적당히 산책하는 정도로 생각하면 안 된다. 축적된 힘, 등산에 쓰자. 땀이 조금 나면서 약간 힘들다고 느껴질 만큼의 기분 좋은 산행이다. 혹 여행의 계절이 가을이라면 그 정취는 바로 금성산성에서 느껴야 제격이다. 가을이면 외남문 근처의 억새풀들이 울울하고 바람에 따라 춤을 춘다.

가만히 눈을 감고 바람의 소리에 귀를 기울여 보라. 산성의 역사가 들려 온다. 임진왜란, 갑오개혁, 동학농민운동과 빨치산 투쟁 등의 파란만장했던 한국사의 수레자국이 이 산성에 고스란히 박혀 있다. 내남문 망루나 노적봉으로 이어지는 성벽 위에서 내려다 보는 경치가 실로 압권이다. 내남문 망루에서는 드넓은 호남의 평야가 한눈에 들어오고 노적봉 성벽 위에서는 담양호와 추월산, 산성산 주변의 울창한 수목들이 아름답게 펼쳐진다.

담양정보

소쇄원(061-381-0115) www.soswaewon.co.kr
입장시간 | 08:30-17:00 **입장료** | 어른 1,000원 / 어린이 500원 **위치** | 전남 담양군 남면 지곡리 123
찾아가는 길 | 광주 동신전문대 앞에서 125번, 225번 버스 이용하여 광주호를 지나 소쇄원 앞 하차

식영정
입장시간 | 제한 없음 **입장료** | 무료 **위치** | 전남 담양군 남면 지곡리 산 75-1
찾아가는 길 | 광주 대인광장 출발 → 두암동 정류소에서 125번 시내버스(종점), 225번 버스 이용

죽녹원(061-381-324)
입장시간 | 09:00-19:00 / 연중무휴 **입장료** | 어른 2,000원 / 어린이 1,000원
위치 | 전남 담양군 담양읍 향교리 282 **찾아가는 길** | 광주 두암동 정류소에서 담양 방면 일반 버스 이용

대나무 박물관(061-380-3484)
입장시간 | 09:30-17:30 **입장료** | 어른 1,000원 / 어린이 500원 **위치** | 전남 담양군 담양읍 천변리 401-1
찾아가는 길 | 담양 공용 정류장에서 322번, 311번 버스

대나무골 테마공원(061-383-9291)
입장시간 | 08:30-17:00 / 연중무휴 **입장료** | 어른 2,000원 / 어린이 1,000원
위치 | 전남 담양군 금성면 봉서리 산 51-1 **찾아가는 길** | 담양터미널과 대나무골에서 하루 4회씩 버스 운행

금성산성(061-380-3156)
주차료 | 소형 2,000원 / 대형 5,000원 **위치** | 전남 담양군 용면 도림리 금산성
찾아가는 길 | 담양 → 금성 직행버스 1일 20회 운행(20분 소요)

주변 맛집
승일식당 돼지갈비(061-382-9011) 떡갈비, 죽통밥보다 담양인은 승일식당 돼지갈비를 즐긴다네. 전남 담양군 담양읍 객사리, 담양 읍사무소 지나서 직진으로 200m 가면 진행 방향으로 오른편에 있다.
진우네 국수집(061-381-5344) 물국수 보다는 비빔국수, 비빔국수보다는 삶은 계란으로 더 유명한 집. 전남 담양군 담양읍 객사리 211-43, 담양읍사무소에서 담양향교 쪽으로 직진하다 보면 다리가 하나 나오고, 그 다리에서 우회전해서 200m 정도 직진하다 보면 우측에 있다.

할머니 품처럼
아득하고 아련한 도시 |강경|

늙은 거미

| 박제영

늙은 거미를 본 적이 있나 당신, 늙은 거문개똥거미가 마른 항문으로 거미줄을 뽑아내는 것을 본 적이 있나 당신, 늙은 암컷 거문개똥거미가 제 마지막 거미줄 위에 맺힌 이슬을 물끄러미 바라보고 있는 것을 본 적이 있나 당신, 죽은 할머니가 그러셨지 아가, 거미는 제 뱃속의 내장을 뽑아서 거미줄을 만드는 거란다 그 거미줄로 새끼들 집도 짓고 새끼들 먹이도 잡는 거란다 그렇게 새끼들 다 키우면 내장이란 내장은 다 빠져나가고 거죽만 남는 것이지 새끼들 다 떠나보낸 늙은 거미가 마지막 남은 한 올 내장을 꺼내 거미줄을 치고 있다면 아가, 그건 늙은 거미가 제 수의를 짓고 있는 거란다 그건 늙은 거미가 제 자신을 위해 만드는 처음이자 마지막 거미줄이란다 거미는 그렇게 살다 가는 거야 할머니가 검은 똥을 쌌던 그해 여름, 할머니는 늙은 거미처럼 제 거미줄을 치고 있었지 늙은 거미를 본 적이 있나 당신

/ 마흔 넘은 사내에게 곶감을 쥐어 주던 할머니

할머니는 내가 태어났을 때 이미 세상에 안 계셨으므로, 나에게 할머니에 대한 기억은 없다. 재작년, 손아랫동서의 할머니가 돌아가셨다고 해서 부안에 내려갔었다. 나보다 나이가 더 많은 중년의 동서는 내 앞에서 참았던 눈물을 쏟았다. 십 수 년 동안 늘 쾌활하고 강인한 모습만을 보아 왔기에 내가 실감하지 못하는 존재를 향해 흘리는 동서의 울음은 당혹스러웠고 조금은 기이하기까지 했다.

그는 할머니에 대한 기억이 각별하다고 했다. 무조건 퍼 주고 무조건 받아주던 할머니는 돌아가실 때까지 동서를 아기 보듯 하셨다. 마흔 넘은 사내에게 감춰뒀던 곶감을 쥐어 주며, 삶의 여정에서 휘청거리는 손자를 세상에서 가장 잘 난 놈인 양 바라보셨다.

할머니라는 존재는 어머니와는 또 다른 그리움일 것 같다고 그때 생각했다. 자식은 어머니를 향해서 숙명 같은 죄의식을 함께 키우지만 할머니를 향해서는 포근한 그리움만 간직하는 것이라고 생각했다. 장성해서도 늘 아기일 수 있는 기회를 세상의 할머니들은 손주들에게 안겨 주니까 말이다. 그래서 할머니의 기억을 가지고 있는 손주들은 평생 동화 같은 추억 몇 조각을 가지고 살아가는 모양이다.

할머니에 이어서 늙은 거미로 늙어가는 우리는 다시 또 우리의 거미줄을 어린 손주들을 위해 기꺼이 쳐 줄 것이다. 죽기 직전까지 남겨진 모든 힘과 애정을 즐거이 모아 녀석들 앞에 담요처럼 펼쳐 줄 것이다. 그 위에서 아이들은 껑충껑충 뛰어놀며 자랄 것이고, 제 부모에게 하지 못한 어리광을 오래도록 할머니, 할아버지에게 부릴 것이다. 그 어리고 올망한 눈망울을 상상하는 것으로도 늙어버린 우리들은 행복할 수 있지 않을까? 죽을 때까지 사랑의 기회를 베풀 누군가가 있다는 것은 한편으로 다행스럽기까지 한 일이 아닐까?

/ 생각만으로 그리운 할머니 같은 곳, 강경

충청남도 논산시 강경읍. 어느 마을에나 전망대 역할을 하는 동산이 있는 것처럼 강경에도 옥녀봉이라고 불리는 공원이 있다. 앞으로는 강경읍과 뒤로는 평야 사이로 흐르는 금강을 한눈에 내려다 볼 수 있는 곳이다.

그 정상의 입구에 슬레이트 지붕의 낮은 집 한 채가 오두마니 서 있다. 좌판 위에 마치 소꿉놀이 하듯 몇 십 개의 과자 봉투와 사탕, 계란, 멸치 따위의 마른 안주를 펼쳐 팔고 있는 곳. 가게 안쪽은 아궁이 속에 장작불이 타고 있는 재래식 부엌으로 연결되는 곳. 그리고 그 한쪽에 작은 테이블이 있어 고향집인 듯 편안하게 막걸리 한 사발을 마실 수 있는 곳. 굳이 술꾼이 아니더라도 옥녀봉의 횅한 봉화대보다 이렇게 살아 있는 공간이 나그네에게는 더 반갑다.

일흔다섯의 할머니가 이 집을 지킨다. 40년 동안 이 자리를 지키고 있는 송옥례 할머니다. 점심 찬으로 드셨던 새우젓찌개를 막걸리 안주로 데워 내 오시며 강경에 대한 이야기도 들려 주시고, 이런저런 말벗도 돼 주신다. 곱게 세월을 담아 오신 얼굴이다. 건강도 좋아 보이시고 말씀도 새어 나감 없이 참 조리 있게 잘하신다.

이 집의 안쪽 방에는 할머니가 한 분 더 계신다. 109살의 귀 어두운 시어머니, 유옥녀 할머니다. 두 분 다 남편을 먼저 여의셨다. 시어머니를 말씀하시는 며느리 할머니의 표정에서 고부간의 거리감은 없다. 두 노인은 아궁이 속 두 개의 장작처럼 그렇게 자기 삶을 함께 지피며 벗처럼 살아 오셨을 테다. 어쩌면 가게 할머니의 동안童顔은 평생 며느리라는 덜 늙은 자리 때문이었을 것 같다는 생각도 한다.

이 집에도 손자가 한 명 있다. 100살이 넘은 왕 할머니에게는 손자겠고 일흔 넘은 할머니에게는 아들인 남자. 마흔이 넘었는데도 아직 장개(장가)를 못 갔다고 어머니는 걱정했다. 게다가 장애까지 있으니 누가 색시로 오겠느냐며, 그러나 좋은 각시 있으면 소개 좀 해 달라는 말도 잊지 않으셨다.

아들의 이야기를 들으며 나는 신경림 시인의 시 하나를 떠올렸다. 〈어머니와 할머니의 실루엣〉이라는 시. 태어나 처음 본 대상을 어미로 각인하는 조류처럼, 램프 불과 칸델라 불과 전등불 속에 비친 것을 세상의 전부라고 생각했던 시인은 대처에서 떠돌다 다시 램프 불 밑의 세상으로 돌아온다.

어려서 나는 램프불 밑에서 자랐다.
밤중에 눈을 뜨고 내가 보는 것은
재봉틀을 돌리는 젊은 어머니와
실을 감는 주름진 할머니뿐이었다.
나는 그것이 세상의 전부라고 믿었다
조금 자라서는 칸델라불 밑에서 놀았다.
밖은 칠흑 같은 어둠

지익지익 소리로 새파란 불꽃을 뿜는 불은
주정하는 험상궂은 금점꾼들과
셈이 늦는다고 몰려와 생떼를 쓰는 그
아내들의 모습만 돋움새겼다.
소년 시절은 전등불 밑에서 보냈다
가설극장의 화려한 간판과
가겟방의 휘황한 불빛을 보면서

나는 세상이 넓다고 알았다, 그리고

나는 대처로 나왔다
이곳저곳 떠도는 즐거움도 알았다
바다를 건너 먼 세상으로 날아도 갔다
많은 것을 보고 많은 것을 들었다
하지만 멀리 다닐수록, 많이 보고 들을수록
이상하게도 내 시야는 차츰 좁아져
내 망막에는 마침내
재봉틀을 돌리는 젊은 어머니와
실을 감는 주름진 할머니의
실루엣만 남았다

내게는 다시 이것이
세상의 전부가 되었다.

박제영의 할머니는 늙은 거미의 줄을 뽑아내고, 신경림의 할머니는 실을 감는다. 그리고 옥녀봉의 할머니 두 분은 자신의 손주이자 자식을 위해 여전히 노동의 줄을 뽑고 삶의 실을 팽팽하게 감는다.

가겟집 남자가 이 시의 주인공과 같은 상황과 서정인지는 알 수 없다. 그러나 나는 낯선 마을의 관광지 한쪽에서, 내가 느끼지 못하는 할머니에 대한 감정과 박제영과 신경림의 시가 주는 느낌을 가졌던 것이고, 그래서 더 특별했다.

그러고 보면 나는 여행지에서 할머니를 만날 때마다 늘상 조급했던 것 같다. 다시 몇 년 후에 여행지를 다시 왔을 때 행여나 세월이란 놈이 우리 할머니를 어떻게 했을까봐 공연히 노심초사했다. 봉평의 막국수집에서도, 해남의 굴 채집 바닷가에서도 그랬다. 그곳의 할머니들과 헤어지는 발걸음이 한없이 무거워 근방의 편의점으로 달려가 음료수 몇 개라도 건네 드리고 와야 마음이 놓였다. 강경에서도 세 통의 막걸리를 비우고 6천 원을 내는 것이 겸연쩍어, 거스름돈을 사양하며 만 원짜리 한 장을 드렸지만 그마저도 쑥스러운 나의 감정을 들킬까봐 배웅 나온 할머니를 오래 볼 수 없었다. 강경에서 만난 할머니, 그리고 여행지에서 만난 모든 할머니들. 그저 건강하시고 오래오래 사시기만을 빌 뿐이다. 여행은 때때로 사람으로 인해 이토록 아련하고 아득하다.

컬러보다는 흑백이 어울리는 강경 여행하기

강경은 여럿이 소란스럽게 여행하는 것보다 혼자 혹은 두 명이 단출하게 가는 것이 좋다. 강경 역시 컬러보다는 흑백 톤으로 보이는 도시다. 한때 평양, 대구 시장과 함께 전국 3대 시장의 하나로 번성했던 강경의 포구에는 이제 몇 척의 배만 정박해 있다. 당시의 흔적은 〈근대문화유산〉이라는 패찰을 달고 보존 혹은 방치되어 있고, 수많은 젓갈 집과 더불어 묘

한 분위기를 가지며 또 다른 강경의 색을 만들고 있다. 그 분위기는 차분함일 수도 있고 회상일 수도 있으며 향수와 사색이라는 단어가 어울릴 수도 있다.

김장을 앞둔 10월, 11월에는 강경전통시장 열차가 운행되면서 국내 최고의 젓갈시장으로의 여행길이 더 쉬워진다.

강경 정보

찾아가는 길
기차 | 무궁화호 : 용산역(호남선) → 강경역(06:05~23:05 50분 간격, 2시간 30분 소요)
KTX : 용산역 → 논산역(06:35~19:35 50분 간격, 1시간 30분 소요)
버스 | 서울강남터미널 → 논산(06:00~19:50 50분 간격, 2시간 40분 소요)
승용차 | 경부고속도로 → 호남고속도로 → 논산 IC(68번 지방도로) → 강경(20분 소요)

추천 코스
강경읍 → 황산대교 → 죽림서원 → 임리원 → 팔괘정(우암 송시열 선생이 건립) → 전망대 → 젓갈전시관 → 옥녀봉(봉수대. 옥황상제의 딸이 금강에서 목욕했다는 전설) → 북옥감리교회(근대문화유산) → 덕유정(전통 국궁 체험) → 미내다리(조선후기 충청도와 전라도 지역유지 5명이 돈을 모아 세운 다리) → 구 강경상고(근대문화유산) → 중앙초등학교 강당(근대문화유산) → 구 한일은행 강경지점(근대문화유산) → 구 노동조합(근대문화유산) → 구 소화학교(근대문화유산) 정도로 이어진다.

1박2일 코스
논산과 연계하는 1박2일의 경우, 관광공사에서는 다음의 일정을 제시한다.
논산시내 → 관촉사 → 탑정저수지 → 계백장군묘소 → 돈암서원 → 개태사 → 대둔산(숙박) → 쌍계사 → 성삼문묘 → 견훤왕릉 → 강경젓갈시장 → 윤증선생고택

추천 맛집
달봉 가든(041-745-5565) 아가미젓, 청어알젓, 가리비젓, 창란젓, 낙지젓, 토하젓, 오징어젓, 토하젓, 어리굴젓, 조개젓, 조기찜, 새우젓 등 다양한 젓갈의 7,000원 백반. 충남 논산시 강경읍 황산리

시인을 찾아 떠나는 문학 여행

강경의 대표 시인은 눈물의 시인이라고 불리는 박용래(1925-1980)다. 세상 가장 낮은 것들에 시선을 두며 시로써 그들을 어루만지던 박용래는 부여에서 태어나 강경에서 자랐고 학교와 회사를 다녔다. 여행 전에 그의 대표작 〈겨울밤〉, 〈저녁눈〉, 〈눈〉, 〈담장〉 등을 읽고 가면 강경의 풍경이 더 특별할 것이다.

본문에서 소개된 시인 신경림은 그의 책 〈시인을 찾아서〉에서 이문구, 박용래와의 술자리를 회상하며 이문구의 말을 빌려 박용래를 '결곡한 사람'이라고 했다. 눈물이 많은 사람이며 다정다감하고 맑은 시인으로 박용래를 소개한다. 울보시인은 세상에 버려진 모든 것이 안쓰러워서 그렇게도 많은 눈물을 흘렸을 것이라는 내용도 전한다.

흥미로운 것은 박용래의 〈오류동의 동전〉이라는 시와 본문에서 소개한 신경림의 시가 닮아 있다는 것이다. 한 인간이 성장하면서 세상을 떠돌다 결국 고향으로 회귀하는 삶의 윤회를 신경림이 〈어머니와 할머니의 실루엣〉에서 이야기했다면 박용래의 〈오류동의 동전〉은 또 다른 시어와 리듬으로 좀 더 처연한 느낌의 자화상적 윤회를 이야기한다. 참고로 오류동은 대전시의 시인이 살던 집이다.

한때 나는 한 봉지 솜과자였다가
한때 나는 한 봉지 붕어빵였다가
한때 나는 좌판에 던져진 햇살이었다가
중국집 처마밑 조롱 속의 새였다가
먼 먼 윤회 끝
이제 돌아와
오류동의 동전

강경 133

아이를 키우며

| 렴형미

처녀시절 나 홀로 공상에 잠길 때면는
무지개 웃는 저 하늘가에서
날개 돋쳐 훨훨 나에게 날아오던 아이
그애는 얼마나 곱고 튼튼한 사내였겠습니까

그러나 정작 나에게 생긴 아이는
눈이 크고 가냘픈 총각애
숱 센 머리칼 탓인 듯 머리는 무거워 보여도
물푸레나지인 양 매출한 두 다리는
어방없이 날쌘 장난꾸러기입니다

유치원에서 돌아오기 바쁘게
고삐 없는 새끼염소마냥
산으로 강으로 내닫는 그애를 두고
시어머니도 남편도 나를 탓합니다
다른 집 애들처럼 붙들어놓고
무슨 재간이든 배워줘야 하지 않는가고

그런 때면 나는 그저 못 들은 척
까맣게 탄 그애 몸에 비누거품 일구어댑니다
뭐랍니까 그애 하는 대로 내버려두는데
정다운 이 땅에 축구공마냥 그애 맘껏 뒹구는데

눈 올 때면 눈사람도 되어보고
비 올 때면 꽃잎마냥 비도 흠뻑 맞거라
고추잠자리 메뚜기도 따라잡고
따끔따끔 쏠쐐기에 질려도 보려무나

푸르른 이 땅 아름다운 모든 것을
백지같이 깨끗한 네 마음속에
또렷이 소중히 새겨넣어라
이 엄마 너의 심장은 낳아주었지만
그 속에서 한생 뜨거이 뛰어야 할 피는
다름 아닌 너 자신이 만들어야 한단다

네가 바라보는 하늘
네가 마음껏 뒹구는 땅이
네가 한생토록 안고 살 사랑이기에
아들아, 엄마는 그 어떤 재간보다도
사랑하는 법부터 너에게 배워주련다
그런 심장이 가진 재능은
지구 우에 조국을 들어올리기에……

교과서 밖에서 만나는
통일과 평화 |고성|

/ '미안하다', 분단의 어른이 가져야 할 최소한의 자책

처음 이 시의 첫 번째 연을 읽었을 때, 이어지는 연은 자기 아이에 대한 환상과 현실의 이야기가 펼쳐질 것이라 짐작했었다. 이를테면 처녀 적에는 멋지고 귀여운 내 아이를 상상했는데 막상 결혼해서 아이를 낳고 보니 아주 못생긴 아이가 나왔더라는 이야기. 그러나 시를 끝까지 다 읽고 나니, 내용도 예상을 빗나갔을 뿐 아니라 그 울림도 이전에 읽었던 시와는 전혀 달랐다. 분명 내 조국의 누이가 부르는 음률과 음색과 언어였으나 생경함의 뒷맛을 어찌지 못해 시인을 확인해 보니 북에서 활동하고 있는 젊은 여성시인이었다. 역시나.

통일 조국에서 뛰어노는 아이를 기대하며
남이든 북이든 아이를 바라보는 어른의 시선은 서로 짠 듯 비슷한가 보다. 아이를 다그쳐서라도 공부를 하게 하라고 남편과 시어머니는 며느리를 압박한다. 그래도 시인은 참 강단이 있다. 자기 주관을 밀고 나가는 힘이 있다. 걸음마를 뗄 때부터 아이를 각종 학원에 밀어 넣는 남쪽의 어머니들 입장에서는 북쪽 시인의 뚝심 있는 태도가 일견 부러울 만하다. 그러나 이러한 문제가 어디 뚝심 하나로 해결되어질 것들이런가?

등 떠밀려 아이를 경쟁의 한 복판에 세워 두는 남쪽의 엄마들도 늘 마음 한 쪽에서는 '과연 내가 잘 하고 있는 것인가' 라는 의심을 하고 또 한다. 세계에서 어린이에게 가장 불행한 나라가 한국이라는 끔찍한 말을 들으면서도 이 광기의 교육  행렬에서 자기 아이를 빼지 못하는 것은 그만큼 한국 사회가 뒤틀리고 파행적인 구조 틀을 이미 공고하게 갖추고 있기 때문이다. 한 인간의 의지에 의해 어쩔 수 없는 거대한 집단의 질서가 이미 완성되었을 때, 개인은 무력하고 무력한 개인은 순응을 선택하는 법이다. 그러하기에 대한민국은 아이에게뿐만 아니라 부모에게도 가장 불행하고 우울한 별이라고 말할 수 있을 것이다. 제 아이를 그런 세상에 내몰면서 혼자 안방에 들어가 기분 좋다고 박수를 치는 부모는 단 한 명도 없을 테니까.

그렇다고 문제의식까지 없어야 한다는 것은 아니다. 문제의식의 바탕에는 부모세대가 아이들에게 가져야 하는 미안함의 정서가 깔려야 마땅하다. 부모 세대에서 이 끔찍하고 비인간적인 교육 풍토를 청산하지 못했다는 미안함이며, 마찬가지로 부모 세대에서 분단의 역사를 끝내지 못했다는 것의 미안함이다. 어느 부모인들 자신이 결혼을 하고 아이를 낳았을 때 그 아이들이 새벽까지 학원을 전전하고 분단국의 아이로 자랄 것이라 예측했겠느냐마는, 미래는 나아질 것이라는 막연한 긍정과 기대만으로는 변변한 변화의 유산 하나를 만들어낼 수 없었다. 덕분에 여전히 우리의 아이들은 분단시대의 이쪽과 저쪽에 등을 돌리고 살며 공부하는 기계로 자라고 있다.

어른이 된 우리에게 최소한 그 정도의 자책이 있어야 희망은 남에서든 북에서든 그 싹을 죽이지 않을 것이다. 부끄럽게도 경쟁과 분단의 사회를 극복하는 것이 우리 아이들의 과제로 넘어가고 있지만, 자책에서 파종한 희망의 씨는 우리 아이의 시대에서 제대로 꽃을 피울 것이다. 그때 우리 아이의 아이들은 들과 산을 축구공처럼 뛰어다니며, 통일된 조국에서 고추잠자리, 메뚜기와 동무하고 노는 건강한 아이로 자라게 될 것이다.

/ 고성으로 떠나는 통일 여행

슬쩍 우려가 되는 것은 우리의 아이들이 분단을 기정사실로 받아들일지 모른다는 것이다. 그들이 진도 나가야 할 영어 단어와 수학의 해법 속에서 통일은 과연 어느 만큼의 비중으로 우리 아이들에게 인식되고 있는 것일까. 아이들은 통일의 당위에 앞서 카이로 회담의 연도를 외우고, 7·4 남북공동성명의 핵심을 암기하며 반공에 적합하지 않은 하나의 보기를 골라내는 것에 익숙한 것은 아닐까.

만일 이런 우려를 가지고 있는 부모라면 고성으로 떠나는 통일여행을 계획해 보는 것도 좋을 듯하다. 알다시피 고성은 강원도 최북단에 위치해 있다. 그곳에는 북한 땅을 코앞에서 볼 수 있는 통일전망대가 있고 DMZ 박물관이 있으며 김일성 별장으로 유명한 화진포 해수욕장이 있다. 즉 분단의 상징으로 대표되는 거의 대부분을 고성은 가지고 있다. 청정한 공기와 천혜의 자연은 기본이다.

그럼에도 고성은 사람들에게 심리적으로 멀다. 오징어가 잘 잡히는 때이거나, 문득 설악산이 그리울 때 강릉과 속초는 한달음에 달려갈 생각을 하면서도 시간적으로 큰 차이가 나지 않는 고성은 왠지 아득하게 느껴진다. 그나마 금강산 관광의 육로 개통으로 고성이 이전보다 훨씬 친숙함의 이미지를 얻었지만 아직까지도 고성은 강원도의 변경으로 취급당하고 있다.

구체적인 전쟁 학습, DMZ 박물관

아이와 함께하는 통일여행으로서 고성을 추천하는 첫 번째 이유는, 고성에 DMZ 박물관이 있기 때문이다. DMZ (Demilitarized Zone).

1953년 7월 27일, 군사 분계선을 사이에 두고 남북은 각각 2킬로미터씩 후퇴하면서 비무장지대를 만들었다. 그리고 60년 가까운 세월이 흐르는 동안, 동서 155마일의 DMZ는 수많은 스토리를 만들어내기 시작했다. '냉전이 낳은 비극', '축복받지 못한 탄생', '인간의 손이 닿지 않은 자연생태계의 보고' 등은 이들 스토리를 핵심적으로 정리한 문장들이다.

2009년 8월 개장한 DMZ 박물관은 또 하나의 이야기 문장을 만들어낸다. 그것은 바로 분단 시대의 구체성이다. '전쟁', '휴전', '대치상황', '통일', '평화' 등의 추상어들이 이 박물관에서는 눈에 보이고, 귀로 들리며, 몸으로 감지되는 구체어로 나타난다.

DMZ의 탄생배경과 태동, 그리고 현재까지의 모습을 자료와 이미테이션 등을 통해 전시하고 있는 이곳을 제대로 관람하는 방법은 끊임없이 상상하는 것이다. 구멍 뚫린 무명 병사의 철모 앞에서 우리는 격전의 현장에서 두려움에 떨었을 어린 초병의 눈빛을 떠올린다. 꼼꼼하게 작전일지를 기록한 장교의 병영수첩을 볼 때는 글자가 불쑥 포탄이 되어 튀어나올 것 같은 사실감도 경험한다. DMZ의 모형 앞에서, 실제 60년을 가르고 있는 분단의 철조망이 그저 철선에 불과하다는 허무한 사실도 확인한다.

박물관 앞마당에 설치된 대북 선전방송용 고성능 스피커에서부터 1층의 3D 극장, 1층과 2층의 다양한 전시물과 체험물까지 DMZ 박물관은 상당히 충실하게 만들어졌다. 망망한 동해바다를 뒤란처럼 쓰고 있는 낭만은 자칫 딱딱하게 다가올 수 있는 전쟁관련 박물관의 질감을 말랑말랑하게 해 준다.

손을 뻗으면 닿을 수 있는 그곳, 통일전망대

1984년 2월 일반인에게 공개된 고성 통일전망대는 남한 최북단이자 최동단에 위치해 있다. 해금강까지 5킬로미터 거리이니 망원경을 빌리지 않고도 육안으로 하늘 닮은 물색을 감상할 수 있다. 금강산 비로봉까지는 16킬로미터, 500원 주화를 넣고 망원경에 눈을 대면 불쑥 다가오는 금강의 자태가 믿어지지 않는다. 금강산 1만 2천 봉의 마지막 봉우리인 구선봉(낙타봉)과 선녀와 나무꾼의 전설을 지닌 감호, 해금강 주변의 사자바위, 현종암과 사공암 등도 모두 생생하게 망원의 렌즈 속에 들어온다.

그러나 해발 70미터 동산의 바로 앞에서 척하니 막혀 있는 철책선이 가슴을 무겁게 한다. 그러나 그보다 더 우울한 것은 통일전망대에서 북녘의 선망은 볼 수 있지만 통일에의 전망은 이곳에서도 여전히 안개 속이라는 현실이다. 정치와 경제 논리로 퇴색해 가는 작금의 통일 정책은 생각만으로도 가슴을 답답하게 한다.

일제 때부터 외국 관광객이 즐겨 찾는 1순위 관광지

고성에는 분단의 상징만 있는 것이 아니다. 아름다운 자연이 있다. 그 중 해당화와 송림으로 둘러싸인 둘레 16킬로미터의 동해안 최대 자연 호수 화진포 호와, '가을동화'와 '파이란'을 찍었던 화진포 해변은 고성을 대표하는 최고의 풍광들이다. 얼마나 아름다웠길래 김일성, 이승만, 이기붕과 같이 당대의 최고

권력자들이 이곳에 별장을 지었을까. 일제시대 때부터 외국 관광객이 즐겨 찾는 1순위 관광지였다는 사실도 충분히 납득이 간다.

지금은 화진포의 성이라 불리는 지하 1층, 지상 2층의 석조건물, '김일성 별장'은 내부 자료실보

다는 옥상에서 보는 풍경이 압권이다. 특히 화진포 해변에서 3백여 미터 떨어진 거북 모양의 금구도를 잘 볼 수 있다.

고성에 왔다면 건봉사는 꼭 둘러볼 일이다. 서기 520년(신라 법흥왕 7년)에 창건된 이 사찰은 세계에서 두 곳밖에 모셔져 있지 않은 부처님 진신치아사리를 모신 적멸보궁이다. 겹겹이 쌓인 연꽃을 닮은 주변 산세도 아름답고, 군인의 검문을 받고서야 통과할 수 있는 민통선 지역의 사찰이라는 점 등이 건봉사를 더욱 더 신비스런 불사로 기억나게 하는 특별함이다.

고성 정보

찾아가는 길
대중교통 | 서울동서울터미널 → 간성, 거진, 대진 방향 교통편 → 간성시외버스터미널 하차
강남고속버스터미널 → 속초 도착 → 간성방향(1번) 버스 승차 → 간성(고성군청 앞 하차)
승용차 | 서울 → 남양주 → 홍천 → 인제 → 원통 → 진부령 → 간성
제2영동고속국도 → 양양 → 속초 → 간성

DMZ 박물관(033-681-0625) www.dmzmuseum.com
관람시간 | 09:00-17:30(하절기) / 09:00-17:00(동절기) / 연중무휴
관람료 | 어른 2,000원 / 어린이 1,000원

통일 전망대 www.tongiltour.co.kr
관람시간 | 09:00-17:30(하절기) / 09:00-15:50(동절기) / 09:00-16:20(수학여행 기간) / 연중무휴
관람료 | 어른 3,000원 / 어린이 1,500원
이용방법 | 통일안보공원에서 출입신청 후 사전교육을 받아야 한다. 이후 민통선 검문소에 출입신고서를 제출한다.

주변 맛집
수성반점(033-632-7375) 걸쭉한 국물에 아주 매운 전설의 짬뽕. 고성군 죽왕면 공현진리 82번지
백촌막국수(033-632-5422) 시원한 동치미에 말아 먹는 메밀국수의 맛과 착한 가격의 편육. 강원도 고성군 토성면 백촌리 162번지

4장 잃어버린 시간을 찾아서

작은 사슴들이 사는 아름다운 섬 소록도

출구 없는 시간 속으로 떠난 여행 군산

오래된 것을 찾아 떠난 여행 홍제동 개미마을

천 년의 역사가 숨 쉬고 있는 도시 경주

작은 사슴들이 사는 아름다운 섬 | 소록도 |

보리피리

| 한하운

보리피리 불며

봄 언덕

고향 그리워

피―ㄹ 닐리리.

보리피리 불며

꽃 청산

어린 때 그리워

피―ㄹ 닐리리.

보리피리 불며

인환(人寰)의 거리

인간사 그리워

피―ㄹ 닐리리.

보리피리 불며

방랑의 기산하(幾山河)

눈물의 언덕을 지나

피―ㄹ 닐리리.

/ '피-ㄹ 닐리리' 하며 툭툭 끊어지는 시인의 피리 소리

파트리크 쥐스킨트의 소설 〈향수〉에서는 체취를 '단순한 인간의 몸냄새가 아니라 사람의 영혼이 빚어내는 고유의 후각정보'라고 정의한다. 그런데 소리도 마찬가지다. 사람은 누구에게나 살아온 시간의 주름 속에 자기도 모르게 박혀 있는 기억의 소리가 있다. 다른 것이 있다면 향수가 안에서 밖으로 향하는 정보라면 소리는 밖에서 안으로 입력되는 기억이다.

살면서 부지불식간에 그리움의 감상으로 찾아오는 그 소리의 정체는 아주 어린 시절 들었던 어머니의 자장가일 수도 있고 어느 여름 매미 울음소리를 들으며 가뭇하게 잠이 들었다가 깨어나면서 듣던 대청마루의 빗소리일 수도 있으며 건넌방에서 들려 오던 할아버지의 마른기침소리일 수도 있다.

문둥병을 얻어 결국 이름마저도 하운何雲으로 바꾼 시인의 기억 속 소리는 아마도 보리피리 소리였을 것이다. 너나없이 가난했고 굶주렸던 시절의 어린 소년은, 허기진 배를 끌어안고 보리피리를 만들어 불며 배고픔의 고통을 잠시라도 잊으려 했을 것이다. 필리리 보리피리 소리는 숲을 헤치고 마을을 넘어 저 멀리 소년이 꿈꾸던 미래의 한 점에까지 퍼져 나갔을 것이다.

그러나 열일곱에 한센병의 진단을 받은 이후 보리피리 소리가 닿았던 꿈의

지점도 뭉개지기 시작한다. 그는 "앞으로 남은 두 개의 발가락이 잘릴 때까지 / 가도 가도 천리, 먼 전라도길"이라 탄식하며 문둥의 섬, 전라도 소록도로 격리된다.

그런 그가 바로 그 고립의 섬에서 배고픔보다 더 지독한 외로움을 어쩌지 못하고 노역의 짧은 휴식 시간에 보리피리를 만들어 불었을 것도 같다. 피리를 부는 순간, 고향의 봄 언덕과 꽃 청산이 기억 속에서 다시 살아 오고 사람과 사람이 서로 엉겨 사는 세상이 눈앞에 펼쳐지며 잠시 동안 행복했었을 것 같다. 그러나 이곳이 다시 세상에 의해 지워져 버린 섬이라는 것을 알았을 때, 그의 피리는 차마 제 소리를 다 내지 못한 채 필리리가 아닌 피-ㄹ 닐리로 투욱툭 끊어졌을 것이다.

이탈리아 현대 철학자 아감벤(Giorgio Agamben, 1942~)이 명칭한 '호모 사케르 Homo Sacer'는 희생양으로도 바칠 수 없는 존재, 이 세상에서 지워 버리는 것에 어떤 죄의식도 필요 없는 존재를 일컫는다. 소나 양은 번제물로 쓰일 수 있지만, 송충이나 바퀴벌레는 인간의 눈에 처음부터 무의한 생명체라고 해석한다. 시인이 살았던 시절, 문둥병 환자는 호모 사케르였다. 누구든 이들에게 아무렇지 않게 손가락질을 해도 되고, 국가와 사회가 그들을 살해해도 크게 문제 될 것이 없었던 폭력의 시대.

인권이라는 단어가 훨씬 풍족하게 유통되는 지금도 우리는 종종 생명이 가진 절대적 존엄성을 망각한다. 자본과 물질을 최우선으로 두는 신자유주의의 환경에 살면서 나와 다른 누군가, 내 가족이 아닌 누군가, 내 수준에 도달하지 못한 누군가를 호모 사케르로 분류하는 것은 아닌지를 점검해 봐야 한다. 어느 누구든 감히 타인의 생명에 품평과 차별의 권한을 행사할 수 없음을 확실히 해야 한다. 그것이 망각되었을 때 유대인, 동성애자, 장애인이라는 이유로 100만 명 이상이 아우슈비츠에서 살해됐고, 미국 땅에서 흑인은 100년 가까이 린치를 당했으며 반도의 땅에서는 한하운으로 대표되는 아픈 사람들이 보리피리를 서럽게 불었다는 사실을 환기해야 한다. 이 모두가 불과 100년도 안 된 현대사 속에서 벌어진 반문명의 사례들이다. 무엇보다도, 끔찍하지 않은가? 혹시 바로 당신이 누군가에게 호모 사케르로 분류되고 있을지 모른다는 상상이?

/ 소록도, 더불어 사는 삶을 꿈꾸며

쭉 뻗은 소록대교 앞에서 기어이 차를 세웠다. 다리 위에서 바람은 매서웠고, 비는 계통 없이 튀었다. 다리는 섬과 육지를 연결하는 구조물만의 의미가 아니었다. 정상과 비정상의 경계, 버린 자와 버려진 자의 구획, 천국일 수 있는 곳과 지옥일 수밖에 없는 곳의 구분을 직선으로 관통하며 그 모든 나눔을 무효화해 버리는 이음. 그것이 소록대교였다. 그럼에도 숙연했다. 감상은 다리의 이쪽과 저쪽이 아닌, 시간의 저 너머를 헤집고 있었다.

어린 시절, 동네의 아이들을 집단의 광기에 휩싸이게 하는 이방인들이 한 번씩 마을에 나타났다. 대개는 미친 사람이거나 이상한 병을 앓는 환자였다. 철없는 아이들은 그들에게 돌을 던졌고 철 있는 어른들은 그 장면을 방관했다. 이상한 병을 통일하는 용어는 문둥병이었다. 우리는 문둥병을, 서정주 시인이 '문둥이'에서 노래한 대로, 아이를 잡아먹는 귀신쯤으로 생각했다.

소록도라는 곳을 알게 된 것은, 이청준의 〈당신들의 천국〉을 통해서였다. 타인에 의한 시선 속에서, 그들의 천국은 어떻게 완성될 수 있는가를 생각하게 한 이 고급의 문학 속에서 소록도는 실체로 다가왔다. 그러나 내 마음속에서 그곳은 여전히 불신성한 불접근의 영역이었다. 마치 문학 속에나 나오는 가상의 무진처럼, 그곳을 기행하려는 마음은 좀처럼 동動해지지 않았다. 나는 그 이유를 안다. 막연한 두려움. 그것이 소록도를 심연 속에서만 머무르게 한 원인이었다는 것을.

그 병이 정확히는 한센병이고, 유전되지 않으며, 불치병이 아닌 피부질환이라는 것을 받아들이면서도 나는 세상에 의해 버려진 후 형성된 집단촌을 마주하는 것이 겁이 났다. 담벼락 덩굴에서, 지붕 밑으로 툭 떨어진 돌덩이에서 섬에 갇힌 사람들의 눌린 설움을 혹여라도 발견한다면 나는 속수무책일 것이라는 생각으로 지도 속에서 그 섬을 지웠던 것이다.

그러나 다리가 놓이고 사슴의 섬에서 들려 오는 뉴스는 대체로 밝고 경쾌했다. 필하모니가 공연을 한다고 하고, 고흥군은 소록도를 고흥 10경이라고 홍보하며 관광의 섬으로 만들기에 분주했다. 갑자기 나도 분주해졌다. 사람들 속에 묻혀서라도, 소록도를 내 카메라에 담고 싶다는 생각으로 바쁜 행랑길 나서는 길꾼처럼 나는 조급해졌다.

절망의 순간에 토해낸 비명이 시가 되다

다리를 건넌 후 바다를 향해 난 우측 길로 차를 돌렸을 때, 관리 초소의 바리케이드가 소록도의 입도入島를 1차 검열했다. 그러나 초소에서 나온 관리인은 건조한 음성으로 주차 위치만을 알려 주는 것으로 방문객이 스스로 만들어 낸 긴장감을 우습게 만들었다.

진입로에서 바라본 소록도의 경치는 아름다웠다. 양식장의 부표들이 바다 위에 떠있고, 갯벌은 건강하게 빛났다. 그리고 저 멀리 산 아래에 평화로운 한센병 환우들의 집들이 옹기종기 모여 있었다. 이렇게 쭉 뻗은 진입로에서, 도로의 양측에 당당하게 도열해 있는 거목들 속에서 슬픔이나 우울의 감정은 삐져 나올 틈도 없어 보였다. 어느 관광지로의 진입로가 이렇게 잘 정돈되어 있을까. 그러나 이 길의 한 가운데, 탄식의 철조망이 세워져 있었다는 것을 표지판은 알려 주고 있었다.

수탄장(愁嘆場). 병 걸린 부모와 그들의 자식이 철조망을 사이에 두고 눈으로만 만나던 곳. 살이 떨어져 나가는 부모는, 자신의 흉한 모습을 보이지 않으려 그나마 제 시선을 똑바로 아이에게 향하지 못했을 것이다. 마찬가지로 아이는 그런 부모가 안쓰러워 엄한 시선을 나무에게로 향했을 것이다. 병원 입구에는 추모비가 세워져 있다. 해방을 맞아 자치권을 요구하는 원생들 84명을 처참하게 학살한 비극을 추모비로 위로하고 있다.

소록도의 역사는 1916년 자혜의원의 설립으로 시작됐다. 일본 식민지 초기, 선교사들에게 주님의 은총을 가장 직접적으로 보여 줄 대상으로 한센병 환자는 가장 맞춤이었다. 그것이, 아름다운 식민 건설을 목표로 세운 조선총독부의 방

향과 맞아 떨어져 수용의 섬 하나를 정하게 된다. 그것이 소록도였고, 자혜병원은 설립된다. 지금은 국립소록도병원으로 불리며, 병원 왼쪽으로 관광객을 위한 이동 표시가 바닥에 그려져 있다.

소록도 자료관에는 소록도의 어제와 오늘이 전시돼 있다. 설립부터 역대 원장들, 비극적인 사건들, 발틀과 대발 등 소록도 원생들의 한센병 치료를 위해 사용되었던 각종 치료기구를 볼 수 있다. 또한 옆 동에는 한센병의 실체와 치료약 등을 자세하게 전시함으로써 일반인들의 한센병 이해를 도와 주고 있다. 이청준과 한하운 등 소록도 관련 문학인의 작품

도 전시돼 있다. 그러나 소록도의 문학은 이들 저명한 작가들에 의해서만 피었던 것은 아니다. 절망의 순간에 토해내는 단발마의 비명이, 이곳에서는 점점이 시가 되었다. 자료실의 벽면에 가득 찬 원생들의 시는, 그들이 한센병을 앓았던 것인지 혹은 시의 열병을 앓았던 것인지를 헷갈리게 할 정도로 대단히 감동적이고 진정하다.

그 옛날 나의 사춘기에 꿈꾸던
사랑의 꿈은 깨어지고
여기 나의 25세 젊음을
파멸해 가는 수술대 위에서
내 청춘을 통곡하며 누워 있노라
장래 손자를 보겠다던 어머니의 모습
내 수술대 위에서 가물거린다
정관을 차단하는 뜨거운 메스가
내 국부에 닿을 때

모래알처럼 번성하라던
신의 섭리를 역행하는 메스를 보고
지하의 히포크라테스는
오늘도 통곡한다.

원생들에 대한 탄압이 가장 혹독했고 그로 인해 결국 살해까지 당한 4대 수호원장 시절, 이동李東이라는 원생이 쓴 '단종대' 라는 시다. 나쁜 씨는 제거해야 한다는 반인권적 우생학이 창궐하던 시절, 한센의 병을 가진 씨는 애초에 말려 버려야 했다. 그들은 격리되고 강제로 정관수술을 받았으며, 이동은 수술을 받은 직후 이 시를 남겼다. 그리고 이 시는 지금, 소록도 시술실의 수술대 벽면에 유령처럼 걸려 있다.

나병의 섬에 완벽하게 연출된 아름다운 정원

중년의 단체여행객이 이 섬에 온다면, 십중팔구는 바로 가이드의 '소록도 정원 예찬'에 혹해서일 것이다. 그러나 가이드의 말이 아니더라도, 오늘 관광지로서 소록도의 얼굴은 저 칙칙한 감금실이나 시술실이 아닌 아름다운 정원이다. 구라탑을 지나면서 본격적으로 정원이 시작된다. 국적 다양한 나무들이 정성들여 다듬어져 있고, 나이 많은 나무는 또 그들대로 자기의 관록을 자랑한다. 예수도 있고, 시인도 있고, 원장의 동상도 있고 모든 것이 혼합되어 정원 안에 있다. 어떤 이는 이 정원을 보면서 감탄하고 어떤 이는 열심히 셔터를 누르며 또 어떤 이들은 삼삼오오 안내자의 나무 설명을 들으며 서 있다.

그런데, 소록도의 정원은 한편으로 생뚱맞고 한편으로 불편하다. 너무나 완벽하게 연출된 모습이 나병의 섬에 있다는 것이 생뚱맞고, 6천 평의 공원이 오로지 환자들의 피와 땀으로 만들어졌다는 사실이 불편하다. 공기 좋은 섬 안에, 그것도 천형으로 불리는 버림받은 환자의 땅에 왜 이런 정원이 필요했던 것일까. 일본 원장의 개인적 취향과 권력을 미적으로 증거하고 싶은 욕심이 낳은 결과물, 그것 외에 이 정원을 설명해줄 말은 뭐가 있을까. 정원을 만들고 정원을 가꾼 사람은 정작 정원 안에 보이지 않는다는 현실을 받아들이는 것은 우울하다. 섬에 어둠이 내리고 관광객이 육지로 돌아가면 그들은 하얀 수건을 뒤집어쓰고 젖은 사슴처럼 이 정원에 나타나는 것일까.

번잡한 녹동항에서 바라보는 소록대교와 소록도에서 바라보는 소록대교는 같은 다리임에도 느낌이 완전히 다르다. 녹동항에서 바라봤을 때 소록대교는

가깝고 소록도에서 바라봤을 때 소록대교는 멀다. 그것은 단지 물리적 거리를 뛰어넘는다. 소록도에서 뭍은, 늘 그리웠지만 다다를 수 없는, 죽음으로만 닿을 수 있는 거리였다.

  이제 소록도는 다리로 인해 더 많이 가까워졌다. 소록도 정원에는 꽃이 피고 열매가 맺는다. 그리고 당신의 눈이 밝다면 그 정원의 숲속에서 예쁜 꽃사슴이 불쑥불쑥 뛰어다니는 것을 보게 될 것이다. 인권과 관용, 더불어 사는 삶이라는 이름을 가진 사슴들. 소록도小鹿島의 주인은 이들 사슴이다.

소록도 정보

찾아가는 길
소록도는 녹동항으로부터 해상 약 600여km 떨어진 곳이다. 버스나 열차를 이용할 때는 녹동항을 여행의 시작점으로 한다.
항공기 | 김포공항 → 광주공항 → 광주(광천터미널) → 녹동(직행버스 이용)
김포공항 → 여수공항 → 순천(공항버스 이용) → 녹동(직행버스 이용)
기차 | 서울역 → 광주역 → 광주(광천터미널) → 녹동(직행버스 이용)
서울역 → 순천역 → 순천터미널 → 녹동(직행버스 이용)
고속버스 | 서울(강남 센트럴시티)에서 녹동행 고속버스 이용(약 6시간 소요)
승용차 | 호남고속도로로 순천 IC → 2번 국도 벌교 방면 → 벌교 27번 국도 고흥 방면 → 고흥 15번 국도 → 녹동항

국립소록도병원(061-840-0500) www.sorokdo.go.kr
방문시간 | 동절기 오후 5시까지 / 하절기 오후 6시까지   **요금** | 무료

주변 맛집
식당은 녹동항 주변에 주로 횟집을 중심으로 분포되어 있다. 특별하게 소문난 맛집을 구별하기는 힘들지만 비교적 매스컴과 블로그 등에 많이 소개된 곳으로는 녹동신항 터미널 맞은편의 참빛회집(061-843-8890)과 소록도 선착장 옆 수산물센터 내의 문일수산(061-843-4231) 등이 있다. 아예 고흥으로 넘어가서 고흥한우를 먹는 것도 좋은 선택이다.

문고리

| 조은

삼 년을 살아온 집의
문고리가 떨어졌다
하루에도 몇 번씩
열고 닫았던 문
헛헛해서 권태로워서
열고 닫았던 집의 문이
벽이 꽉 다물렸다
문을 벽으로 바꿔버린 작은 존재
벽 너머의 세상을 일깨우는 존재
문고리를 고정시켰던 못을 빼내고
삭은 쇠붙이를 들여다보니
구멍이 뻥 뚫린 해골처럼 처연하다
언젠가 나도 명이 다한 문고리처럼
이 세상으로부터 떨어져나갈 것이다
나라는 문고리를 잡고 열린 세상이
얼마쯤은 된다고 믿을 수만 있다면!
내가 살기 전에도
누군가가 수십 년을 살았고
문을 새로 바꾸고도 수십 년을
누군가가 살았을 이 집에서
삭아버린 문고리
삭고 있는 내 몸

출구 없는 시간 속으로
떠난 여행 |군산|

/ 시는 여행을 깨우고 여행은 시에 생명을 주고

요즘 젊은 사람들이 즐겨 쓰는 용어 중에 씽크로율(Synchro率)이라는 말이 있다. 다른 두 개가 하나로 융합되는 동조율을 뜻하는 말이다. 원작만화를 충실하게 영화로 옮겼을 때, 씽크로율이 100%라고 한다. 누군가와 누군가가 쌍둥이처럼 닮았을 때도 같은 말을 쓴다.

문화 용어 중에 크로스오버라는 단어도 몇 년 전부터 아주 많이 쓰인다. 장르와 장르가 서로 교차한다는 뜻이다. 영화가 문학과 교차하고 음악이 철학과 뒤섞이며 여행과 시가 혼합된다. 크로스오버의 기본은 두 개의 다른 영역이 하나의 교집합 속에서 얼마나 공통의 분모를 가지고 있는가 하는 점이다. 전혀 상이한 두 개의 분야는 서로를 확충하고 보완하며 제3의 그 무언가를 만들어낸다.

시집을 들고 여행을 다니다 보면 시와 여행지의 씽크로율이 아주 높은 곳이 발견된다. 실제가 그럴 수도 있고 해석 때문에 두 개가 거의 쌍둥이처럼 닮은꼴일 수도 있다. 그때 시와 여행이 동시에 활력을 얻는다. 시는 여행지를 배경으로 더 생동감 있게 시집에서 탈출하고 여행지는 시의 언어를 통해 잠자던 의미를 세상에 발설한다. 이질의 시와 여행이 크로스오버를 통해 빚어낸 시너지다.

바로 〈문고리〉와 군산의 만남처럼 말이다.

/ 떨어진 문고리와 같은 도시, 군산

삼 년을 살아온 집의
문고리가 떨어졌다
하루에도 몇 번씩
열고 닫았던 문
헛헛해서 권태로워서
열고 닫았던 집의 문이
벽이 꽉 다물렸다

군산은 떨어진 문고리와 같은 도시다. 한때는 청동의 윤기를 반짝이며 문에 걸려 있던 문고리는 '툭' 하고 떨어진 후 녹덩어리 쇠붙이가 되었다. 군산도 그랬다. 근대에서 현대로 넘어가는 시간의 경계에서 현대의 문지방조차 밟지 못하고 '툭' 하고 떨어져 액자 속에 갇혀 버렸다.

애초부터 불순했던 도시의 영화榮華였다. 호남평야의 너른 들판이 있고 바닷길과 육로의 거점이 된다는 지형적 축복은 식민의 시대에서는 수탈의 전초기지로 더없이 좋은 조건이었다. 광복 후 더 이상 쌀과 물자가 일본으로 빠져 나가지 못하게 되면서 이 도시도 성장을 멈췄다.

군산 157

일제의 흔적은 근대유산의 이름으로 도시 곳곳에 남아 있다. 적산가옥敵産家屋이라 불리는 일본식 목조 기와 건물과 근대 서양 양식의 건물들, 이를테면 옛 조선은행과 나가사키 18은행 군산지점 건물, 군산세관 건물 등이 그것들이다. 우리나라에 유일하게 남아 있는 일본식 사찰 동국사와 〈장군의 아들〉, 〈타짜〉 등에서도 소개된 히로쓰 가옥도 관광객의 눈길을 끄는 곳들이다.

문고리가 떨어져 버린 도시에 문은 없다. 어찌하여 그 도시에 들어간 순간 우리는 멈춰 버린 시간 속을 속절없이 서성이게 된다. 감상을 전제로 한다면, 군산은 여행자에게 그런 매력으로 다가온다. 헛헛하고 권태로웠던 일상을 벗어나 출구 없는 시간 속으로 들어가는 여행.

문을 벽으로 바꿔버린 작은 존재
벽 너머의 세상을 일깨우는 존재
문고리를 고정시켰던 못을 빼내고
삭은 쇠붙이를 들여다보니
구멍이 뻥 뚫린 해골처럼 처연하다

군산 경안동 이마트 건너편의 철길마을은 이제 대표적인 군산의 관광지가 되었다. 2.5킬로미터의 철길은 경암사거리에서 시작해 군산경찰서와 구암초등학교를 지나 원스톱 주유소에서 끝난다. 1944년 신문용지 제조업체 '페이퍼코리아'의 생산품과 원료를 실어 나르기 위해 개통됐다. 그래서 이 철길의 이름은 '페이퍼코리아 선'이다.

기차는 앞만 보고 달린다. 기차의 질주를 방해하는 것은 모두 부서지거나 으스러진다. 날렵하게 두 줄로 늘어선 철로는 의기양양하다. 육중한 기차를 떠받치며 시간의 저 너머로 기차를 보내고 받는, 제 능력에의 자부심이다.

사람이든 우마차든 자동차든, 모든 움직이는 것들은 살아 있는 기차 앞에서 우선멈춤을 해야 한다. 정지는 기차와 철로에게 보내는 예의다. 약한 자가 강한 자에게 그러하듯이.

그러나 영원히 멈춰진 기차와 더 이상 기찻길이 아닌 철로는 해골처럼 처연한 쇠붙이다. 날렵했던 두 선은 엿가락처럼 늘어진 고물일 뿐이다. 그 앞에서 아무도 더 이상 멈춤의 경외를 보이지 않는다.

기찻길 옆 오막살이에서 잠자던 아기는 철로를 마당삼아 뛰어 놀고, 어른이 되고, 아이를 낳는다. 강한 것은 결국 쇠붙이가 아닌 생명이었던 것이다.

언젠가 나도 명이 다한 문고리처럼
이 세상으로부터 떨어져나갈 것이다
나라는 문고리를 잡고 열린 세상이
얼마쯤은 된다고 믿을 수만 있다면!

그 생명조차도 문고리처럼, 이 도시처럼 세상으로부터 떨어져 나갈 것이라는 생각, 그런 외로움이 들 때 위로는 바다다. 모든 유한한 것 속에서 유일한 무한함, 그것은 바다다. 바다에는 처음부터 문고리 따위가 없다. 시작은 있었으나 끝이 없고 열림도 없고 닫힘도 없으며 번영도 없고 몰락도 없다.

새만금 방조제에서 보는 바다는 트임이다. 거기 또 하나의 우주가 있다. 바다 위에 길을 낸 토건술의 개가는, 최소한 바다구경만큼은 제대로 보장해 준 셈이다. 삶이 가진 문고리의 의미, 이 바다 앞에서는 그것마저도 헛헛한 물음일 뿐이다.

내가 살기 전에도
누군가가 수십 년을 살았고
문을 새로 바꾸고도 수십 년을
누군가가 살았을 이 집에서
삭아 버린 문고리
삭고 있는 내 몸

바다를 바라보는 마을, '해망동' 걷기

시의 종점처럼 여행을 마무리하고 싶다면 해망동을 산책하자. 외세와 외지인으로 해체된 지역공동체 군산은 고작 15퍼센트 내외의 토착인구 비율을 가지고 있고, 구도심의 상징은 해망동이라는 달동네다. 해방 후 피난민들이 하나 둘 집을 짓기 시작하면서 마을이 시작되었다.

군산시민의 휴식처, 월명공원과 이어지고 선창으로도 연결되는 해망동은 이름 그대로 바다를 바라보며 아주 꼼꼼하게 집들이 들어서 있다. '낡은 근대성의 풍경'이라고 부르기에는 매우 부적절한, 여전히 이어지고 있는 〈난장이가 쏘아 올린 작은 공〉의 한국 변방 도시의 실제 초상일 뿐이다.

그래서 철길을 거닐 때와 마찬가지로, 이 마을에서도 관찰자의 시선으로 카메라를 들이대는 것은 주제넘음이자 오만함이다. 차라리 시간 속에서 세대를 달리하며 누군가가 살았고, 살고 있으며, 그 흔적으로 문고리는 삭고 누군가도, 나도 삭아 버릴 것이라는 시의 겸손함으로 해망동을 거닐어 보는 것이 더 권할 만한 여행의 방법이다.

군산 정보

여행 방법
서해안고속도로 덕분에 군산은 일일 여행권이 됐다. 내항 해산물시장, 은파물빛다리, 채만식 문학관, 이영춘 가옥, 진포 해상테마공원, 금강하구둑, 월명동 일본식거리, 해망동과 월명공원, 동국사와 고군산 유람선 등 동선을 잘 짜서 둘러보자.
뚜벅이족에게도 군산은 좋은 여행지다. 서울 기준으로 무궁화와 새마을호 기차가 한 시간 간격으로 다니고 네 시간 남짓이면 군산에 도착한다. 고속버스를 타면 3시간이 조금 더 걸린다.

시티 투어
군산시에서 무료로 운행하는 시티투어 버스는 경제적이면서도 알차게 군산여행을 즐기는 방법이다. 1코스인 고군산 코스는 터미널-군산역-3.1운동기념관-진포해양테마공원-구세관-고군산군도이며 2코스는 새만금 코스로 군산역-터미널-월명공원주변-새만금 신시도배수갑문-풍력발전기-군산수산물종합센터로 운영된다.
3월, 11월, 12월 동절기에는 매주 토요일 1회, 4월부터 10월 사이에는 매주 토·일요일 2회씩 운행한다. 시티투어 버스는 무료로 운영되지만 중식비, 유람선비는 본인이 부담해야 한다.
출발지 | 군산시외버스터미널 앞, 내흥동 군산역 광장 왼편
문의 | 군산시 관광진흥과 063-450-6110

주면 맛집
군산 계곡가든(061-453-0608, 0808) www.crabland.com 이토록 오동통하고 달콤하며 밥을 마구 부르는 오묘한 간장 게장 맛이라니. 전라북도 군산시 개정면 아동리 616
복성루(061-445-8412) 너무나 유명해서 짬뽕 한 그릇 먹으러 서울에서 온다는 사람도 있을 정도. 오전 10시 30분부터 오후 3시 50분까지 영업한다. 전북 군산시 미원동 332

오래된 것을 찾아 떠난 여행 | 홍제동 개미마을 |

인연

| 김해자

너덜너덜한 걸레
쓰레기통에 넣으려다 또 망설인다
이번에 버려야지, 이번엔 버려야지, 하다
삶고 말리기를 반복하는 사이
또 한 살을 먹은 이 물건은 1980년 생
연한 황금색과 주황빛이 만나 줄을 이루고
무늬 새기어 제법 그럴싸한 타월로 팔려온 이놈은
의정부에서 조카 둘 안아주고 닦아주며 잘 살다
인천 셋방으로 이사 온 이래
목욕한 딸아이 알몸을 뽀송뽀송 감싸주며
수천 번 젖고 다시 마르면서
서울까지 따라와 두 토막 걸레가 되었던
20년의 생애,
더럽혀진 채로는 버릴 수 없어
거덜 난 생 위에 비누칠을 하고 또 삶는다
화염 속에서 어느덧 화엄에 든 물건
쓰다 쓰다 놓아버릴 이 몸뚱이

/ 인연으로 이어지는 세상의 모든 것

 책상 정리를 한번 하게 되면 정말 불필요한 것들을 잔뜩 움켜쥐고 있다는 것을 깨닫는다. 보지 않는 문서 더미, 누군가에게 받았던 기념품, 용도를 알 수 없는 알약, 이전에 썼던 휴대폰 충전기 등 무용한 물건이 쏟아진다. 이사라도 가게 되면 더 가관이다. 창고 구석구석에서 오만가지 잡동사니가 다 나온다. 물건에 대한 집착이 이만저만한 것이 아니다.
 우리는 이렇듯 무언가를 잘 버리지 못하면서도, 비교적 쉽게 버리는 것이 하나 있다. 바로 인간관계의 시작, 즉 인연이다.
 누군가를 쉽게 만날 수 있고 또 쉽게 헤어지는 시대에 우리는 산다. 메신저, 트위터, 문자 등의 장치가 발달하다 보니 사람 만나기가 아주 쉽다. 그러나 쉬운 만큼 상대의 아이디를 삭제하거나, 블록하거나, 전화번호를 지워 버리는 그 단순한 행위로 관계의 끊어짐도 식은 죽 먹기다.
 자동차를 이십 년 이상 탄 친구는 그 차를 폐차한 후에 눈물을 쏟았다고 한다. 자신과 자신의 애마가 어느새 한 몸이 되었다는 것을 폐차장을 나서면서 실감한 것이다. 시인은 걸레와 자신이 하나가 되었다고 말한다. 그 화엄의 세계 속에서 시인은 걸레에게 동질의식까지 느낀다. 자신이나 걸레나 언젠가는 제 몸뚱이를 소진한 후 버려질 운명이기 때문이다. 자동차나 걸레를 향해서도 인연에의 의미를 두는 것이 인간이 가진 선량한 마음이다. 하물며 사람과의 인연은 얼마나 중하겠는가? 그 인연을 걸레처럼 함부로 취급하는 세태에, 걸레를 함부로 어쩌지 못해 안절부절못하는 시인의 마음은 그래서 더 각별한 느낌으로 다가온다. 버려졌어야 마땅했으나 버려지지 못해 남아 있는 우리 주변의 몇몇 것들은 때때로 우리에게 매우 인간적인 그 어떤 서정으로 다가오기도 하는 것이다.

영화 속 벤자민 버튼의 시간이 거꾸로 가는 것처럼 서울에서도 추억이란 타임머신을 타고 거꾸로 시간을 돌릴 수 있는 곳이 있다. 지하철 3호선을 타고 마음만 먹으면 아주 쉽게 찾아 갈 수 있는 곳이다. 우리의 향수를 아련하게 자극하는 서울, 홍제동으로 추억여행을 떠나 보자.

/ 게으른 방문자의 느긋한 휴식처, 홍제동 개미마을

이름이 재미있다. 개미마을. 영화 〈아홉 살 인생〉의 촬영지가 되기도 했던 홍제동의 마을 이름이다. 그런데 왜 개미마을일까?

한때는 인디언마을이라고 불리다가 개미처럼 열심히 사는 사람들이 사는 곳이라 해서 개미마을로 불리게 되었단다. 하지만, 한편에서는 개미처럼 열심히 일해도 그리 나아질 것 없는 삶이란 의미로 표현되기도 한다. 인왕산 도시자연공원이 조성되면서 황금마을이라고도 불린다. 현재 재개발 이전이 예정된 서울의 달동네 중 하나다.

몇 년 전에 금호건설 후원으로 미술을 전공하는 128명의 대학생들이 참여해서 벽화 마을을 조성했다. 통영이나 동파랑처럼 예쁜 마을이 된 것이다. 서울

특유의 복잡한 아랫동네와 달리 거짓말처럼 고즈넉한 이곳은 서울이 맞나 싶기도 하다. 대문도 거의 없고 담장도 낮은 집들이 옹기종기 사이좋게 모여 있다. 이 집 저 집 담벼락에 그려진 그림들을 감상하며 미로같이 길과 길이 연결된 동네를 구석구석 살펴 볼 수 있다.

친숙한 풍경이었으나 어느새 잊고 있던 것들

하트 모양이 예쁘게 그려진 계단을 한 계단, 두 계단 오르다 보면 호박꽃이 넝쿨째 피어 있는 집들을 발견하기도 하고 발밑에 있는 지붕에서 가을볕에 말라가는 빨간 고추도 보게 된다. 마을 곳곳에는 공용화장실도 여전히 있다. 아주 오래전 우리에게 친숙한 풍경이었으나 어느새 잊고 있던 것들이다. 구수한 비료냄새가 나는 옆에서 마을 아주머니는 소일거리로 텃밭을 일구고 그 텃밭에서 호박, 고추, 상추가 자란다.

아직도 연탄을 쓰는 탓에 연탄 창고도 보인다. 너나없이 우리는 연탄의 은혜를 받으며 자랐다. 고생은 어른들의 몫이었다. 창고에 연탄이 그득하면 아버지는 뿌듯하게 웃으셨고, 새벽이면 엄마는 어김없이 곤한 잠을 뿌리치고 연탄불을 갈러 방을 나가곤 하셨다. 자식들 등 따뜻하게 해 주려는 부모의 한결같은 정성이었다. 가난한 산업의 시대였으니 생명의 연탄은 때때로 사람을 죽이는 비극의 불씨이기도 했다. 단칸방에서 오글거리며 자던 한 가족이 연탄가스에 의해 몰살되기도 했다. 가스를 마셨다고 해서 변변한 약도 없었다. 동치미국물 한 그릇 들이키는 것으로 끝이었다. 그런 험난한 시절을 우리는 넘어 왔기에 이곳에서 만나는 담 밑에 연탄재도 참 많이 각별하다.

정류장은 따로 없어도 친절한 마을버스 기사아저씨는 개미마을 아무 곳에서나 태워 주고 내려 준다. 버스를 기다리면서 들어간 구멍가게. 타지인의 방문에도 할머님들은 익숙한 듯 전혀 낯설어하지 않는다. 사진은 많이 찍었느냐면서

이렇게라도 다녀가면서 들러 주면 고맙다며 이런저런 소소한 질문을 던진다. 오랜만에 발견한 봉봉주스 박스가 반가워서 그것을 하나 사 먹는다.

개미마을은 길이 좁아서 마을버스가 한 대밖에 지나갈 수 없다. 그래서 종점에서 버스가 내려오지 않으면 아래에선 버스가 올라갈 수 없다. 조금은 불편하더라도 양보가 없으면 살아갈 수 없는 착한 동네 개미마을이다.

그러나 아쉽게도, 개미마을이 과거의 흔적을 고스란히 품고 있을 시간도 얼마 남지 않은 듯하다. 뉴타운이니, 재개발이니 하는 말들이 역시나 이곳을 비켜가지 않는다. 집 주소나 집주인 이름 대신 관리번호라고 씌어 있는 팻말이 슬쩍 마음을 스산하게 한다.

그럼에도 평일 오후의 개미마을은 게으른 방문자에게는 한없이 느긋하고 한적하다. 따뜻한 햇볕과 바람도 배부르게 포식할 수 있다. 이따금 일 나간 주인을 대신해 집을 지키는 개 짖는 소리만 컹컹 날 뿐이다. 어디선가 들리는 포클레인 소리도 박자를 맞춘다.

영원히 유효할 아날로그 감성, 대양 헌책방

모든 것이 커진다. 마트도 커지고 극장도 커지고 책방도 커진다. 작은 것은 다들 밀려난다. 밀려난 후 사라진다. 특히 헌책방은 많이 아쉽다. 그것이 아쉬운 이유는, 헌책방은 단지 책만을 파는 곳이 아니기 때문이다. 언젠가 그 책의 주인이었던 어느 이의 손때와 시간을 먹은 눅눅한 종이 냄새와 상업의 논리에 좌지우지되지 않는 책 자체의 고집을 얻을 수 있는 곳이 헌책방이다.

홍제동에서 2대에 걸쳐 묵묵하게 헌책방을 지키고 있는 사람들이 있다. 1매장은 아버지가, 2매장은 아들이 운영한다. 아들인 정태영 씨는 이렇게 말한다. "책의 수명은 정해져 있지 않다. 누군가 찾아주는 사람이 있다면 그 책은 언제나 살아 있는 것이다. 활자가 존재하는 이상 새 책이 있을 테고 그러므로 헌 책도 존재한다."

헌책방만이 가지고 있는 아날로그적인 감성은 시간이 지나도 변하지 않는다. 시간을 거슬러 찾아간 마을에서 헌책방에 들러 오래된 책들을 찬찬히 들춰 보자. 책 속에서 당신이 지나왔던 시간이 반갑게 두 손을 벌려 맞이할 것이다.

/ 점심때만 문 여는 집, 홍은칼국수

이곳은 소위 아는 사람만 알고 찾아오는 곳이다. 찾아가는 법도 사실 불편한 편이다. 대부분 동네주민들이나 인근 사무실 직원들, 구청직원들이 손님이다. 하지만 입소문에 입소문을 타고 언제나 문전성시를 이룬다. 테이블 수도 몇 개 안 되고 가게 안도 그리 넓지 않다. 그럼에도 점심시간이 되면 사람들이 좁은 가게 앞으로 길게 줄을 선다.

메뉴는 딱 하나, 할머니 표 손칼국수다. 점점 가격이 올라서 현재는 5천 원이다. 한 그릇 가득 주지만 많이 배고팠다면 곱빼기로 추가도 가능하다. 주문할 때 "양 많이"를 외치면 된다. 더 걸진 국물을 원한다면 계란도 추가할 수 있다.

하지만 그대로 먹어도 충분히 진한 국물 맛이다.

이 집 칼국수의 특징은 부드러운 면과 어우러진 사골국물이다. 바지락이나 해산물이 없어도 국물이 충분히 깔끔하고 시원하다. 그리고 비장의 무기는 며느리도 모른다는 특제 양념장에 숨어 있다. 특제 양념장을 취향대로 푹 퍼서 휘휘 저어 막김치에 얹어 먹는다.

이 집은 딱 점심때만 가게를 연다. 칼국수도, 김치도 그날 준비한 재료의 양만큼만 팔고 문을 닫는다. 줄서서 기다리던 손님도 재료가 떨어지면 그냥 뒤돌아 갈 수밖에 없을 정도다. 단점은 서빙하는 아주머니들이 두 분뿐이고 할머니는 계속 칼국수를 끓여 내시느라 바쁘다. 소위 말하는 친절한 서비스는 기대하기 어렵다. 하지만 맛있게 먹느라 바빠서 그런 것도 신경을 거스르지 않는다. 홍제동 시간여행에서 꼭 들러야 할 곳이다.

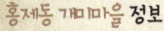

홍제동 개미마을 정보

찾아가는 길
지하철 3호선 홍제역 2번 출구에서 나와 좌회전해서 50m 걸으면 롯데리아 앞에 마을버스 정류장이 있다. 7번 마을버스를 타면 종점이 개미마을이다. 하지만 버드나무 가게에서 내리자. 거기서부터 벽화가 시작된다. 내려서 천천히 벽화를 구경하며 걸어 올라가면 된다.

대영서점(1매장 02-394-2511, 2매장 02-394-4853) cafe.naver.com/daeyangbook.cafe
영업시간 | 11:00~21:00 / 일요일 휴무
찾아가는 길 | 홍제역 4번 출구 고가다리 방향으로 직진하면 GS칼텍스주유소가 보인다. 계속 직진 후 은하약국 골목 정면, 서희 미용실 지하에 2매장이 있다. 1매장은 은하약국 지나쳐서 계속 직진하면 바로 고가다리 옆

주변 맛집
홍은손칼국수전문점(02-394-7729) 홍제역 2번 출구 롯데리아 앞에서 11번, 13번 버스를 타고 서울간호대학 정문에서 내린다. 버스 진행 방향으로 내려와서 횡단보도를 건너면 개천 맞은편에 홍은손칼국수전문점이 보인다. 개미마을에서는 7번 버스를 탄 후 삼거리 앞에서 내리거나 문화촌현대아파트에서 내린 후 솔벗약국 앞에서 마을버스 11번, 13번을 탄다. 오전 10시부터 오후 2시까지 영업하며 일요일은 쉰다.

천 년의 역사가 숨 쉬고 있는 도시

| 경주 |

성장

| 이시영

바다가 가까워지자 어린 강물은 엄마 손을 더욱 꼭 그러쥔 채 놓지 않았습니다. 그러다가 그만 거대한 파도의 뱃속으로 뛰어드는 꿈을 꾸다 엄마 손을 아득히 놓치고 말았습니다. 그래 잘 가거라 내 아들아. 이제부터는 크고 다른 삶을 살아야 된단다. 엄마 강물은 새벽 강에 시린 몸을 한번 뒤채고는 오리처럼 곧 순한 머리를 돌려 반짝이는 은어들의 길을 따라 산골로 조용히 돌아왔습니다.

/ 아빠, 왜 사람은 죽어야 하는 거야?

　품안의 자식이라고 한다. 그리고 평생 품인에 있을 줄 알았다. 손을 잡으면 그 작고 앙증맞은 손의 체온이 언제나 부모의 손바닥 안에서 느껴질 줄 알았다. 그러나 어느 날부터인가 아이가 성장통을 겪기 시작한다. 부모의 품 밖에서, 부모의 잡은 손을 슬그머니 빼며 저 홀로 이 험난한 세상을 물끄러미 바라보고 있다. 그럴 때 부모는 당황한다. 어떻게 해야 좋을지 몰라 안절부절못한다.
　나도 그랬다. 몇 년 전이었다. 초등학생이었던 아이가 혼자 있기를 부쩍 싫어했다. 제 방에서 자다가도 새벽이면 쪼르르 안방으로 건너와 부부 사이를 파고 들어온다. 심지어 어느 일요일은 제 방에 있던 아이가 눈물을 뚝뚝 흘리며 거실로 나와 아빠를 몹시 놀라게 하기도 했다. 엄마는 좀 더 예민해서, 아이가 혹시 우울증 같은 것을 겪고 있는 것이 아니냐며 걱정이 한보따리였다. 연예인들이 연이어 자살하면서 우울증이라는 단어가 우리 사회에 널리 분포되고 있을 때였으니 아내의 반응도 이해가 되었다. 결국, 아빠는 아이와 면담(?)을 시도하게 된다.
　"요즘 다은이가 부쩍 우울해하는 이유가 뭔지 말해 줄 수 있니?"라는 아빠의 물음에 아이의 답변이 뜻밖이다. "아빠, 왜 사람은 죽어야 하는 거야? 나는 엄

마와 아빠가 언젠가 죽게 된다는 걸 생각하면 너무 슬프고 우울해."

아아… 차라리 엄마가 핸드폰을 사 주지 않아서라든가, 아빠가 엄마와 말다툼을 해서 따위의 고민이었다면 엉덩이 두어 번 톡톡 쳐 주는 것으로 면담의 결론은 완성되었을 것이다. 그런데 아이는 참으로 심오하게도 죽음에 대해 고민을 하고 있었다. 열한 살 아이뿐 아니라 마흔이 넘은 아빠조차도 절대 거부할 수 없는 죽음에의 공포와 죽음 이후의 세계에 대한 두려움을 아이가 느끼기 시작한 것이다.

과연 이 상황에서 아빠는 무슨 말을 해 줄 수 있을까? '엄마, 아빠는 불사조야'라고 허풍을 떠는 것이 옳은 방법일까? 지금은 그런 생각하지 말라고 아이를 달래주는 것이 현명한 대응일까? 어느 것 하나 '빙고!'를 외칠 수 없는 혼란 속에서 여행을 떠올렸다. 분명한 것은 아이가 지금 크고 있다는 것, 정신의 관절이 늘어나면서 아파하고 있다는 것이다. 여행의 끝에서 시인처럼 아이의 성장을 여유롭게 관조하면 좋겠다는 소망을 가지고 가족은 경주를 향했다.

/ 역사를 찾아 떠난 여행, 경주

여행 전 경주에 가면 꼭 두 가지를 하고 싶었다. 하나는 경주의 남산을 오르는 것이고 또 하나는 온가족이 자전거를 타고 경주 하이킹을 하는 일이었다. 그러나 두 번째의 목표는 일기가 좋지 않아 시도할 수 없었다.

즐거운 유물 사파리, 남산

경주는 가지만 남산을 안 가는 사람들이 많다. 경주의 남쪽을 둘러싸고 남북으로 솟은 산이며 금오산이라고도 불리는 이 산은 불적지가 많기로 소문난, 그래서 산 자체가 하나의 박물관이라는 말을 듣는 산이다. 대개의 석불이나 유물들이 박물관 유리벽에 고이 간직되어 있는데 이곳에서는 마치 숨은그림찾기 하듯이 등산로 곳곳에 숨어 있어서 유물 사파리를 하는 기분이 든다. 신라 때는 천상에서 부처님이 하강하여 머무는 영산으로 추앙받은 산이라고 했다 하니 힌두교에서 메루산을 숭상하듯 천년 신라의 영광을 한 몸에 받아 왔던 산이 남산이다.

남산은 포석정이나 기타 다른 방법으로 올라갈 수 있는데 관광객들이 많이 가는 등산 코스는 삼릉에서 시작해서 상선암까지 가는 길이다. 아이를 동반한 가족여행객에게도 크게 무리가 없는 산행. 천천히 올라가도 왕복 3시간이면 가능한 코스다.

사과나무 영그는 과수원과 호박 등이 자라는 텃밭을 지나면 삼릉이 나온다. 사적 제219호인 경명왕릉, 신덕왕릉, 아달라왕릉 등 세 능이 있다고 해서 삼릉이라고 하며 여기서부터 시작되는 삼릉골에는 9곳의 절터와 10채의 불상이 남아 있다.

삼릉을 지나면 울창한 소나무숲들이 나오고 기분 좋은 흙 돌길을 밟으며 가다 보면 맨 처음 만나는 것이 석불좌상과 마애관음보살입상이다. 머리가 없는 석불좌상은 높이 1.6미터, 무릎너비 1.56미터로서 계곡에 묻혀 있던 것을 80년대에 동국대생들이 파내어 이곳에 안치해 놨다고 한다. 산속에서 만난 얼굴 없는 불상은 기묘하다. 온화한 얼굴로 불상이 웃고 있었다면 오히려 지금만큼 감흥이 없었을 것이다. 얼굴이 없으니 얼굴 아닌 다른 곳, 몸통에 더 많은 시선을 보낸다. 장삼 자락 말아 올린 것하며 상당히 사실적이고 선이 굵다.

석불좌상 좌측으로 좁은 길을 조금 올라가면 마애관음보살의 입상이 나타난다. 높이는 1.5미터이며 오른손에는 설법인, 왼손에는 감로병을 들고 있다. 머리의 보관에는 아미타불이 조각되어 있다. 함께 간 아이들은 갑자기 나타나는 이런 것들에 상당히 흥미진진해한다. 경주는 아주 오래전 신라인들이 살았던 곳이라고 해 봐야 실감하지 못하는 아이들이, 이런 유물들을 보면서 신라를 비로소 실감 나게 받아들인다. 석불좌상에서 30미터가량 올라가다 보면 동서 양벽에 각각 삼존불을 선각으로 조각한 6존상이 나타나고 삼릉계의 중턱에는 석불좌상이 있다.

그렇게 유물을 보고 나무와 야생초 등과 벗하며 오르다가 어느 정도 체력이 떨어질 때쯤 작은 암자가 하나 나온다. 상선암이라는 곳이다. 그곳에서 다리쉼도 하고 물 한 모금을 마신다. 암자에서 내려다보는 경치가 실로 그림이다. 암자 위 삼릉계의 정상 부근에는 마애여래불상이 있다. 큰 연꽃 위에 결가부좌로 앉아서 손은 설법인을 취하고 있는 모습이 단정하기 이를 데 없다.

경주에 간다면 남산은 꼭 가 볼 일이다. 박제되거나 가공되지 않은 신라 민중의 흔적들이 소나무 향기와 더불어 곳곳에 스며 있기 때문이다. 야호라고 함성을 지르는 아이들의 목소리를 듣고 신라의 불상과 그 불상을 만들었던 조상님들의 영혼이 메아리로 답하는 곳이 남산이다.

죽은 자의 무덤과 산자의 생동감의 조화, 시내 지구 걷기

시내 지구 쪽을 걸어 보기로 했다. 가장 먼저 간 곳은 대릉원이다. 능으로서는 유일하게 내부가 공개되어 있는 천마총 외에도 총 23기의 능이 12만 5천여 평의 평지에 조성되어 있다.

경주를 여행하는 사람에게 가장 강렬한 인상으로 다가오는 것은 집들 사이로 우람하게 솟아있는 고분일 것이다. 고작해야 할머니 할아버지의 자그마한 산소나 봤던 아이들에게 이 거대한 왕릉들은 신기함 그 자체다. 아마도 죽음을 슬픔

으로 받아들이고 묘지라는 단어에서 음침한 비극의 정서를 생각해 왔던 큰아이의 눈에, 도시 중심에 솟아 있는 무덤의 군들은 특별하게 다가왔을지도 모를 일이다. 무덤 주변으로 차들이 빵빵거리며 돌아다니고 무덤 주변에 경주의 사람들이 활기차게 살아가는, 죽은 자의 무덤과 산자의 생동감이 너무나 천연덕스럽게 공존하는 경주를 걸으면서 아이는 어쩌면 죽음을 좀 더 자연스럽게 받아들일 수 있었을 것이다.

밤이 내리면서 경주의 볼거리들이 더 화려하게 변신한다. 유적지 야간조명 점등은 참 잘한 일인 것 같다. 계림의 신비한 숲길과 안압지의 호수, 그리고 밤의 천문대가 훨씬 더 낭만적이고 그윽하게 다가오는, 그런 신라의 밤이다.

경주 관광 1번지, 불국사와 석굴암

경주 여행을 당일로 계획하는 경우는 거의 없다. 그 많은 볼 것을 여유 있게 즐기기 위해서는 최소한 1박 혹은 2박의 일정을 짜는 것이 좋다. 아침 일찍 일어나 보문호 주변을 산책하고 불국사를 간다. 유럽의 유명한 관광지를 다니다보면, 이 사람들은 참으로 조상 덕을 톡톡히 본다는 생각을 하곤 했는데, 그런 의미로 본다면 불국사도 마찬가지다. 신라 예술의 극치이자 고도 경주를 지탱하고 있는 가장 큰 힘이 바로 불국사이기 때문이다.

해탈교를 지나 청운교와 백운교를 보고 대웅전 앞뜰의 석가탑과 다보탑을 쳐다보자니 갑자기 그 어떤 갑갑함에 숨이 막혀 버린다. 너무나 완벽해서 인간미가 없어 보이기까지 한 불국사. 그나마 관광객들이 많이 찾지 않는 나한전이나 무설전 뒤뜰, 무뚝뚝하지만 순하디 순한 대석단을 보면서 편안함이 느껴진다.

토함산의 꼬불꼬불한 석굴로를 타고 석굴암으로 간다. 과학적이고 섬세한 건축기법과 신라인의 철학관이 실체로 구현됨으로써 그 자체가 우주라고 하는 석굴암은 두툼한 안내 서적이나 해설사가 없이는 10분의 구경거리도 되지 않는 부처님이다. 유리벽 안에 놓인 석가여래좌상과 11면 관음상, 범천상 등은 제대로 시야에 잡히지 않는다. 자꾸만 머릿속에서 꿈틀대는, 내 아이에게 석굴암의 신비를 알려 줘야 한다는 집착을 내려놓는다. 남산에서 보았던 머리 없는 부처를 볼 때보다 훨씬 더 심심한 눈빛을 하는 아이를 보며 너 스스로 가치를 알고자 할 때 다시 석굴암을 오라고 혼잣말을 한다.

대왕의 유언이 있는 곳, 감포

　마지막 여행지는 감포다. 토함산 장항사와 감은사지석탑을 스치듯 보고 도착한 감포 바다에는 태풍으로 한껏 성이 난 파도와 그 파도에도 흔들림 없이 추상처럼 서 있는 문무대왕릉이 있다. 죽어서도 동해의 용이 되어 나라를 지키겠다는 대왕의 호국 의지는 비록 신화라 하더라도 장엄하다.

　그러나 그보다 더 이 현장이 빛나는 이유는 대왕이 남긴 유언이 있기 때문이다.

　"나의 유해를 불교식으로 화장해 동해에 장사 지내라. 그리고 나를 위해 큰 무덤을 만들지 말라. 옛날 천하를 다스리던 위력 있는 임금일지라도 끝내는 한 줌의 흙더미로 변하고 마침내는 나무하는 아이들과 목동들이 그 위에서 노래 부르고 여우와 토끼들이 굴을 파는데 죽은 사람의 일에 많은 경비를 들이는 일은 재물만 낭비하는 일이요, 백성들의 수고만 헛되게 하는 일일 뿐, 영혼을 오래도록 고요히 평안하게 하는 일은 못될 것이며, 또한 내가 즐거워하는 일이 아니다."

　삼국사기에 전해지는 바로 이 유언 때문에 이 여행의 마침표로 감포를 생각했는지도 모른다. 빈손으로 태어났듯 빈손으로 자연 속에 던져지는 것이 인생이라는 것을 대왕은 알고 있었다고 생각한다. 호사스러운 사후의식이 자신의

영혼에 아무런 의미를 던져 주지 못한다는, 그 단순한 비움이 실로 거대하게 느껴진다.

아이에게 이 유언을 그대로 읽어 준다. 나는 아이가 그 유언을 듣고 무엇을 느꼈는지를 알지 못한다. 그러나 여행을 통해 남산에서 보았던 산 자들의 흔적과 경주시내의 무덤들, 그리고 마지막 문무대왕의 능을 보고 돌아오는 뒤안길에서 아이는 한결 여유 있는 모습을 하고 있었다. 여행을 마치고 집으로 돌아가듯, 삶의 끝에는 휴식 같은 죽음이 있다는 것을 아이가 받아들이는 그날, 다시 아이의 손을 잡고 나들이하고 싶은 경주 여행이었다.

경주 정보

시티 투어
불국사, 석굴암 등 경주 핵심 관광지를 버스 패키지로 둘러보는 여행. 1코스는 불국사 중심, 2코스는 석굴암 중심 3코스는 불국사와 석굴암을 동시에 보는 것으로 365일 선택할 수 있다.
요금 | 어른 15,000원 / 어린이 10,000원
문의 | 천마관광 054-743-6001

자전거 루트
시내 코스 | 경주역(2.0km) → 국립경주박물관(1.2km) → 월정교터(0.9km) → 문천교(0.5km) → 재매정(0.6km) → 교동최씨고택(0.1km) → 경주향교(0.3km) → 계림,내물왕릉(0.1km) → 반월성(0.5km) → 석빙고(0.6km) → 임해전지(안압지)
형산강변 코스 | 고속버스터미널(2.0km) → 경대교(1.4km) → 부흥마을(1.9km) → 김유신장군묘(1.2km) → 서천교(1.7km) → 서악사원(0.4km) → 태종무열왕릉
동남산과 문무로 코스 | 고속버스터미널(2.5km) → 국립경주박물관(0.9km) → 상서장(1.1km) → 부처골 감실석불좌상(0.4km) → 탑곡마애조상군(0.6km) → 보리사(1.6km) → 헌강왕릉(0.2km) → 정강왕릉(0.2km) → 통일전(0.7km) → 남산동 삼층석탑(5.0km) → 성덕왕릉(3.1km) → 신무왕릉(1.8km) → 사천왕사터(2.0km) → 국립경주박물관
서남산 코스 | 고속버스터미널(1.7km) → 흥륜사터(0.9km) → 오릉(0.9km) → 나정(0.3km) → 양산재(0.6km) → 남간사터 당간지주(0.2km) → 창림사터(1.0km) → 포석정터(1.0km) → 삼릉

주변 맛집
맷돌 순두부(054-745-2791) 쌈밥, 천북면의 불고기 등과 함께 경주의 대표적 음식으로 빠짐없이 꼽히는 집. 경북 경주시 북군동 229-1, 보문단지 입구
원조 경주 갈비찜(054-771-3733) 빈틈없이 꽉 찬 갈비찜을 직접 데워 먹는 맛. 경북 경주시 구황동 분황사 앞
숙영식당(054-772-3369) 구수하면서도 쫀득쫀득한 찰보리밥 맛. 경북 경주시 황남동 13-5. 경주 구시청 앞, 대릉원 가는 길목
황남빵(054-749-7000) 명불허전, 경주를 대표하는 빵. 경북 경주시 황남동 347-1

5장 치유의 시, 치유의 여행

상처 난 가슴이 닿는 곳 해남 땅끝마을

절망의 끝에서 봄 맞으러 가기 원당종마목장

자연으로 떠나는 치유여행 통도사와 영축산

슬픔의 코드에 잘 닿아 있는 곳 영월 청령포

그리움을 가득 안고 떠난 여행 목포

어느 날 엄마가 그리울 때 운주사

문학의 땅에서 마주하는 고해성사 장흥

상처 난 가슴이 닿는 곳 | 해남 땅끝마을 |

솟구쳐 오르기 2

| 김승희

상처의 용수철
그것이 우리를 날게 하지 않으면
상처의 용수철
그것이 우리를 솟구쳐 오르게 하지 않으면

파란 싹이 검은 땅에서 솟아오르는 것이나
무섭도록 붉은 황토밭 속에서 파아란 보리가
씩씩하게 솟아올라 봄바람에 출렁출렁 흔들리는 것이나
힘없는 개구리가 바위 밑에서
자그만 폭약처럼 튀어 나가는 것이나
빨간 넝쿨장미가 아파아파 가시를 딛고
불타는 듯이 담벼락을 기어 올라가는 것이나
민들레가 엉엉 울며 시멘트 조각을 밀어내는 것이나
검은 나뭇가지 어느새 봄이 와
그렁그렁 눈물 같은 녹색의 바다를 일으키는 것이나

상처의 용수철이 없다면
삶은 무게에 짓뭉그러진 나비 알
상처의 용수철이 없다면
존재는
무서운 사과 한 알의 원죄의 감금일 뿐
죄와 벌의 화농일 뿐

/ 당신을 살아남게 한 상처라는 이름의 용수철

살면서 우리는 서로가 서로에게 상처를 주고받는다. 내기 의도하지 않게 나는 나의 언어로, 이기적인 본성으로, 또는 무의식의 무심한 공격성으로 상대를 아프게 한다. 마찬가지로 나는 식물처럼 있었을 뿐인데 상대는 나를 배신하고, 생채기를 남겨 놓는다. 가까운 사람은 가까운 대로, 먼 사람은 먼 대로 그렇게 서로 상처를 주고받는다. 아는 사람은 아는 사람대로, 모르는 사람은 모르는 사람대로 또한 서로에게 상처를 주고받는다.

그런데 상처라는 것이 관계의 지점과 과정에서 생기는 삶의 필연적 속성이라면 어떠할까? 그렇다면 그것이 아무리 크고, 반복되더라도 삶의 길 위에서 우리는 상처라는 파도를 묵묵히 견뎌내는 해암海巖이 되어야 하지 않을까? 그래도 다행인 것은, 영원히 지속되는 상처는 없다는 것이다. 실연의 아픔이 너무 커서 죽을 것 같은 절망을 느끼겠지만 다시 사랑하고 다시 이별하며 그 상처의 여정에서 우리는 면역의 능력을 키워간다. 상대를 죽이고 싶은 분노에 내 몸이 녹아 버릴 것 같지만 꾸역꾸역 밥을 먹으며 잠을 자고 또 밥을 먹으며 아픔의 감각을 무디게 한다.

시인은 상처를 용수철이라고 했다. 머물러 있는 용수철은 없다. 눌린 만큼 튀어나가는 것이 용수철이다. 상처도 이와 같아 발생의 시점에서 이미 소멸을 예상한다. 소멸의 순간에, 상처는 생명의 이름으로 형질을 변환한다. 그래서 세상의 상처받은 것들은 그 상처로 인해 싱싱하게 부활한다. 겨우내 차가운 죽음의 땅에서 상처받았던 싹과 보리가, 얼음 속에 갇혀서 살아 있으되 죽어 있었던 개구리가 지루했던 상처의 시간을 통쾌하게 차오르며 자기 삶의 절정기를 맞이한다.

그러므로 이제 우리는 상처를 기꺼이 끌어안고 거뜬히 보듬어야 한다. 나의 상처를 저주할 것이 아니라 나에게 찾아온 상처를 축복해야 한다. '그래, 나 단단해지라고 찾아온 선물이야'라고 상처를 향해 씨익 미소를 날려 줘야 한다. 녀석이 없었다면 우리는 단 한걸음도 앞으로 나가지 못하며, 바로 제 자리에서 지루함에 질식사했었을 테니까. 생명이라는 것이 얼마나 하찮고 의미 없는 존재인가를 부채질하는 악마의 속삭임에 그만 무릎을 꿇었을 테니까.

/ 땅끝 마을 여행, 상처에게 휴식을 주는 시간

여행은 잠시 상처에서 벗어나, 그 상처에게 휴식을 주는 가장 좋은 치유의 시간이다. 내가 벗어난 곳에서 나는 나의 상처를 관조하고, 관조 속에서 모든 상처는 적나라해진다. 그 날것의 상처를 직시하는 순간 꺼억꺼억 짐승의 통곡을 터뜨릴지도 모른다. 그러나 상관없다. 일상에서 멀어진 공간에서 불가항력의 울음은 부끄러울 것도 없는 자기치유의 과정이다. 눈물이 말라 울음조차 나오

해남 땅끝마을

지 않을 때, 그 시점에서 우리의 상처는 아물기 시작한다.

상처의 끝을 보기 위해 우리는 땅끝 마을로 간다. 끝이라는 것이 자아내는 감상은 여러 가지다. 새로운 시작을 향한 희망의 출발점일 수도 있고 반대로 절망일 수도 있다. 죽음일 수도 있고 생명일 수도 있는 것이 끝이 가진 중의성이다. 그래서 사람들은 낙담에 빠졌을 때 땅 끝을 간다. 슬픔을 땅 끝에 묻고 희망을 담아가기 위한 몸부림. 김지하의 그 유명한 시 〈애린〉처럼.

"땅끝에 서서 / 더는 갈 곳 없는 땅끝에 서서 / 돌아갈 수 없는 막바지 / 새 되어서 날거나 / 고기 되어서 숨거나…"

답사여행의 새로운 지평을 열었던 유홍준 선생의 〈나의 문화유산답사기〉 연작 중 개인적으로 가장 백미를 꼽으라면 1권 처음 부분인 남도답사 일번지다. 총 3편으로 되어 있는 남도답사 일번지 중에서 특히 세 번째 편이 돋보이는데, 그 이유는 내용이 아주 쉽게 씌었으면서도 문화적 감상의 핵심을 정확하게 집어주고 있기 때문이다. 세 번째 편에 그 유명한 경구, "아는 만큼 느낀다"도 등장하고, 그 편의 답사지 첫머리가 바로 대흥사다. 강진이나 해남을 여행한다면 유홍준 선생이 풀어쓴 답사기를 먼저 읽어 볼 것을 권한다.

해남 관광의 1번지는 대흥사

대흥사는 두륜산 도립공원 내에 있다. 대흥사를 만나기 전에 여행자는 십리 구림리 숲길을 지난다. 하늘로 치솟은 왕벚나무, 떡갈나무, 삼나무와 단풍나무, 동백나무와 노송들이 터널을 만든다. 대흥사 매표소에서부터 절 입구까지 4km에 걸쳐서 이어진 수목의 향연. 과연 서산대사가 자신의 의발을 대흥사에 두라고 유언했을 만하다. 그는 그 이유로 대흥사 일대에 기화이초寄花異草가 많기 때문이라고 했다.

유선여관을 지나 조금 걸으면 피안교가 나온다. 가을이면 요염한 단풍이 가

장 아름답게 피어나는 지점. 아저씨 한 분이 빨간 단풍잎 몇 장을 따서는 조심스럽게 주머니 안쪽에 넣는다. 스스로도 부끄럽다는 듯이 고개를 숙인 중년의 얼굴에도 단풍색이 풍덩 물든다.

일주문을 지나면 본격적으로 대흥사의 전체가 펼쳐진다. 대흥사는 신라 말에 지어진 고찰이다. 현재 남아 있는 대웅보전은 1667년에 심수스님이 3년에 걸쳐 중창한 조선 후기의 전형적 팔작지붕 다포집이다. 1811년 대화재가 난 후 2년이 지나서 복원한 그 모습 그대로 지금까지 남아 있다.

맨 처음 보이는 부도 밭에는 서산대사를 비롯한 대흥사의 역대 스님들 부도와 부도비가 가지런하게 모셔져 있다. 폭 20m의 작은 연못이지만 경주의 안압지처럼 수려한 곡선미를 보여 주는 무염지도 사찰 입구에서 만나 볼 수 있다.

대흥사의 가람 배치는 네 개의 구역으로 되어 있다. 두륜산 골짜기에서 흘러내린 금당천을 경계로 북원과 남원으로 나뉘고, 다시 남원 뒤편으로 뚝 떨어져 서산대사 사당인 표충사 구역과 대광명전 구역이 있다. 그 배치에는 답답함이 전혀 없다. 깊은 산이 허용한 무대를 배포 있게 쓰면서도 절제되었지만 호방한 선의 미를 거의 완벽하게 구사한다.

대웅보전에서 가장 빨리 눈길을 잡는 것은 현판이다. 원교 이광사의 기운찬 글씨체. 추사 김정희는 귀양길에 이 현판을 보고 대노하며 정도에서 벗어난 사이비 글이라고 욕을 했다고 한다. 그러나 9년의 제주도 귀양을 마치고 돌아오면서 그는 이 현판을 인정했다는 이야기도 전해진다. 9년은 김정희의 세계관을 훨씬 관대하고 폭넓게 바꾼 세월이었던 것이다. 한편 김정희가 쓴 무량수각 현판도 대흥사에서 만날 수 있으니 이래저래 사찰을 찾은 여행객은 기쁜 일이다.

천불전, 표충사, 대광명전을 둘러보았다면 이제는 일지암을 갈 차례다. 대흥사에서 두륜봉 쪽으로 40여 분을 걸어가면 일지암이 나온다. 당대의 깨인 스님, 초의 스님이 수도하던 곳이 바로 일지암이다. 한 개의 나뭇가지로 지은 암자에 풀 옷의 이름을 가진 스님이 기거하신 것이다. "눈앞을 가리는 꽃나무 가지를 쳐내자 / 황혼 빛 아름다운 먼 데 산이 보이네"라는 초의 스님의 선사 한 토막은 울림이 크다. 마음의 모든 번뇌를 일으키는 가지 하나를 쳐내고 나니 삶의 진리가 보인다는 선禪의 가르침이다. 초의 스님은 이곳에서 24세 연상의 다산을 만났고 동갑 김정희와 교분을 나눴다. 특히 김정희에게 있어서 초의 스님은 차茶의 스승이자 공급처였다고 한다. 그 때문일까? 일지암에 앉아 두륜산 풍광을 바라보고 있노라면 어디서 은은한 차향기가 느껴지곤 한다.

땅의 끝, 바다의 시작

대흥사를 보았다면 이제 땅끝 마을을 가자. 해남 땅끝 마을을 가는 길은 아름다운 해안 드라이브 코스다. 그 중 중리는 그냥 지나치기에는 너무나 아름다운 바다마을이니 꼭 들렀다 가자. 드라마 허준의 촬영장이 됨으로써 더 유명해졌다.

중리바닷가는 일명 기적의 바닷길이라고 불린다. 마을 앞의 중도가 밀물이 되면 바다가 갈리면서 마을과 이어지기 때문이다. 이 기적은 마을의 노인들에게는 더 은혜롭다. 바닷길이 나면 노인들은 갈고리를 하나씩 들고 굴과 조개, 해산물을 따러 나온다. "뭘 이렇게 열심히 하세요"라고 묻자, 도시에 가 있는 아들에게 보내 주기 위해서라고 한다. 바로 딴 굴을 갈고리에 찍어 "한번 드셔 보쇼"라고 권하는 그분들의 인정이 굴 향기만큼이나 풍요롭다.

땅끝, 혹은 토말土末. 북위 34도 17분 38초. 한 발 앞으로 걸으면 바다가 시작되는 땅. 그러니까 땅끝 마을은 땅의 끝이자 바다의 시작이다. 그런데 땅 위에 발을 딛고 사는 우리들은 바다의 시작보다는 땅의 끝에 더 큰 의미를 부여한다. 사자봉 122미터 봉수대 옆에는 5층짜리 전망대가 세워져 있다. 땅끝 마을 주차장에서 20여 분 오솔길을 걸어 올라가면 전망대와 해후한다. 올라가면서 내려다보는 바다 전망도 좋다.

전망대 3층이나 5층에서 아래를 내려다보면 저 아래 갈두항 선착장이 보이고, 고개를 돌리면 파노라마처럼 완도, 흑일도, 노화도 등 다도해가 잡히며 날씨가 좋다면 한라산까지도 볼 수 있다. 하절기(4월 1일~10월 30일)에는 오전 7시부터 오후 7시까지, 동절기(11월 1일~3월 30일)에는 오전 8시부터 오후 5시 30분까지 개방된다.

이제 돌아갈 시간이다. 시간이 조금 더 있다면 올라가는 길에서 우항리 공룡화석지를 둘러보는 것도 좋다. 더 시간이 있다면 진도까지 가는 것도 좋다. 어차피 한 번 내려오기 어려운 끝 마을이니, 하나라도 더 눈도장을 찍을 욕심을 부리는 것도 이상한 것이 아니다. 황산면과 산이면을 지날 때 창밖을 꼭 지켜보라. 붉은 땅, 황토는 해남의 얼굴이다. 당신을 포함해 사람들이 이곳에 와서 묻어둔 저마다의 상처가 붉은 태양으로 변해 땅에서 솟아나고 그 태양을 받아 파아란 보리도 씩씩하게 솟아난다. 그렇다면 이제, 당신이 솟아날 차례다.

해남 땅끝마을 정보

대흥사(061-534-5502) www.daeheungsa.co.kr
입장료 | 어른 2,500원 / 어린이 1,000원
찾아가는 길 | 대중교통 : 해남까지 고속버스 이용. 해남시외버스터미널에서 대둔사행 군내버스 이용. 30분 간격, 25분 소요
승용차 : 해남읍에서 완도 방면 13번 국도 → 해남 읍내를 벗어나면 왼쪽으로 대흥사 가는 806번 지방도로 → 신기리에서 두 갈래 길 중 오른쪽 806번 지방도로 → 대흥사 집단시설지구와 주차장이 있다.

주변 맛집
유정 가든(061-536-4134) 풀코스 닭요리가 제공되는 위장 속 호강과 예술이라 불리는 닭회. 전남 해남군 해남읍 연동리 415-2. 조막리 저수집 앞에 있다.

용궁해물탕(061-535-5161) 신선한 해물탕 맛이 일품. 해남읍 축협 옆에 위치

절망의 끝에서 봄 맞으러 가기
| 원당종마목장 |

봄

| 이성부

기다리지 않아도 오고
기다림마저 잃었을 때에도 너는 온다.
어디 뻘밭 구석이거나
썩은 물웅덩이 같은 데를 기웃거리다가
한눈 좀 팔고, 싸움도 한판 하고,
지쳐 나자빠져 있다가
다급한 사연 듣고 달려간 바람이
흔들어 깨우면
눈 부비며 너는 더디게 온다.
더디게 더디게 마침내 올 것이 온다.
너를 보면 눈부셔
일어나 맞이할 수가 없다.
입을 열어 외치치만 소리는 굳어
나는 아무것도 미리 알릴 수가 없다.
가까스로 두 팔을 벌려 껴안아 보는
너, 먼데서 이기고 돌아온 사람아.

/ 절망의 끝에서 찾아오는 봄

인생은 자연의 축소판이다. 자연이 그러하듯 인생에도 사계절이 있고 화창한 낮과 칠흑 같은 밤이 있으며 겨울의 삼한사온처럼 짧은 따뜻한 날과 그보다 조금 긴 추운 날이 반복된다.

하는 일마다 되는 일이 없었고 계속 꼬여만 가던 인생살이의 어느 겨울, 지옥처럼 고통스러웠고 시간은 멈춰진 채로 흐르지 않던 어느 밤을 기억한다. 새벽은 절대 오지 않을 것 같았고 더더군다나 나의 삶에서 봄의 계절이 존재했는지도 의심스러웠다. 이 저주받은 터널의 어느 한 지점에서 아무도 모르게 죽어 버릴 수도 있다고 생각했다.

그러나 지금의 나는 너무나 태연하게 잘살고 있고 그때 그 고통의 기억은 아득하다. 이러다가 다시 그 시린 겨울의 밤이 발생의 시점에서는 여전히 낯선 몸짓으로 찾아오리라는 것을 경험상 알 뿐이다. 그 밤을 맞이하는 나는 모든 것이 처음인 듯 다시 면역될 수 없는 고통의 밤을 맞이할 것이다.

그렇다. 누구의 인생에도 겨울이 있고 누구의 인생에도 봄은 있다. 인생이 내내 겨울인 사람도 없고 인생이 시종일관 봄인 사람도 없다. 나쁠 때가 있으면 그 순간은 어차피 흘러가는 것이고 그 다음에 또 좋은 순간이 온다. 미국 최고의 풍자 소설가 커트 보네커트가 그의 책 〈제5 도살장〉에서 주인공 빌리의 입을 빌려 반복적으로 읊조린 그대로다. "그렇게 가는 거지……(so it goes)"

그래도 봄은 좋다. 그것이 계절의 봄이든 상징으로서의 봄이든 봄은 언제나 희망이고 성취이며 보람이다. 그것은 세상 살아가는 맛이다. 그런데 그 좋은 것이 장난꾸러기인가 보다. 사람을 그렇게 애태우게 해 놓고는 근엄한 몸으로 폼 나게 나타나지 않고 제 놀 것 다 놀고 익살스럽게 오고 있다. 나 죽어가는 것을 뻔히 보면서도 제 할 것 다하고 느릿느릿 오고 있다. 엄마 심부름으로 두부를 사러 간 아이가 오가는 길에 문구점과 만홧가게와 약장수 등에 눈이 팔려 엄마를 동동 안달 나게 만드는 그런 악동의 모습이다.

그러므로 당신이 지금 혹은 어느 한 날, 겨울의 빙하 속에 꽁꽁 갇혀 옴짝달싹도 못할 지경이거든 저기 먼 데서 딴 짓하며 놀고 있는 당신의 봄을 생각하자. 그리고 속으로 힘껏 불러 보자. "이놈아, 어서 이리 오란 말이야!"라고. 염원의 전령이 녀석에게 다가가 놀이에 정신 빠진 그의 몸을 흔들어 깨우며 등 떠밀어 당신에게 데리고 올 것이다. 그래도 그게 어디인가? 당신의 봄은 비록 성격은 돼먹지 못했지만 당신의 충복처럼 반드시 오고야 마는 것일 테니. 오지 않을 놈이 아닐 테니.

/ 푸른 하늘, 맑은 공기, 말과 봄이 있는 곳

가을의 계절을 묘사하면서 살찌는 말을 인용하지만, 말은 봄을 배경으로도 잘 어울리는 동물이다. 만물이 새로운 생명을 얻는 봄이 역동성이라는 이미지를 가지고 있듯이, 팽팽하게 긴장한 근육을 아름답게 뽐내며 초원을 달리는 말도 活활하고 動동하며 進진하는 이미지를 갖는다. '봄바람에 말똥 굴러가듯 한다'는 속담처럼 봄도 말도 말똥도 모두 활동성이 있다.

광화문에서 전철로 30분, 버스를 갈아타고 10분을 달리면 닿는 곳에 눈망울 가득 봄을 담고 있는 말들과 그 말들이 뛰어 노는 초원이 있다. 고양시 원당동의 원당종마목장이 그곳이다. 서울 근교에 느닷없이 나타나는 이런 풍경을 상상하기 어렵지만 한국마사회가 경주용 말을 사육하기 위해 만든 목장이다. 기수 후보생들의 교육기관인 경마교육원도 이곳에 있다. 11만여 평에 이르는 넓은 초지에는 마사馬舍와 교육용 마방馬房, 주로走路, 말 진료소, 방목지가 들어서 있고 끝없이 이어지는 낮은 흰색 담당과 언덕 위의 소나무, 푸른 하늘, 맑은 공기, 그리고 말과 봄이 있다.

바다를 보면 가슴이 탁 트이듯 너른 초원을 보면 몸이 횡으로 팽창된다. 4킬로미터의 산책로를 아주 천천히 걸으며 부푼 폐 속에 녹색의 공기를 불어 넣어 보자. 달리는 말을 보게 되면 신바람이 절로 나고 쉬고 있는 말에게서 게으른 평화가 전염된다. 말에게 가까이 다가가 콧바람 쉭쉭 나는 얼굴을 쓰다듬노라면 마음은 아이처럼 천진해진다.

사진 찍기를 좋아하는 사람이라면 이곳은 더 반가울 것이다. 풍경이 아름답고 이국적이어서 다양한 구도 속에서 멋진 사진을 찍을 수 있기 때문이다. 말에게 먹이를 주며 다양한 표정을 담아 보는 것도 재미있다.

말 30종의 특성과 생김새를 자세히 설명한 표지가 산책로를 따라 설치돼 있으니 여유 있게 아메리칸 페인트와 앵글로 아랍의 차이를 찾아 읽어 보고, 안달루시안과 국내 경주마 더 러브렛의 성격을 알아 보는 것도 좋겠다. 목장길은 중년 부부에게는 고요한 산책길, 아이들과 함께 온 가족에게는 자연을 체험하는 나들이, 연인에게는 낭만적인 데이트 코스가 될 것이다.

이곳은 입장료가 없다. 게다가 영화, 드라마, CF의 촬영지로 유명해져 주말이면 한가롭던 목장도 북적북적해진다. 관광 목적으로 운영되는 곳이 아니라서

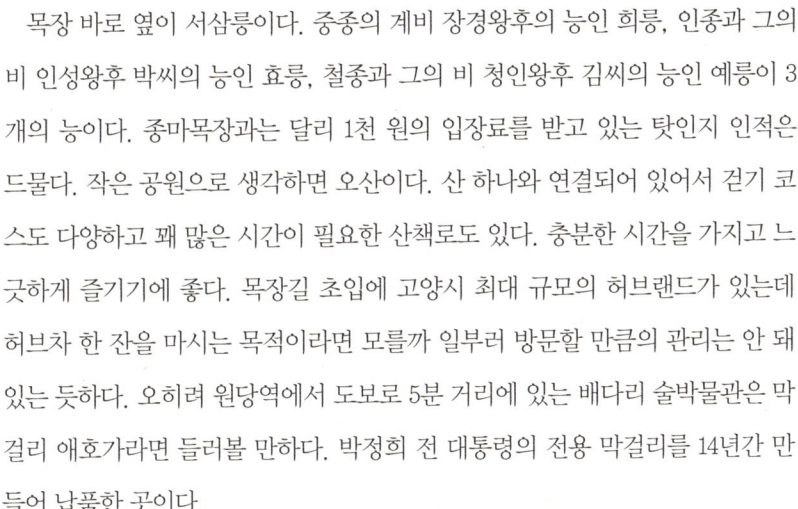

주차시설, 화장실, 매점과 같은 편의시설이 좋지 않다. 주차공간이 따로 마련되어 있지 않아서 주말이면 아름다운 가로수길도 주차장이 되어 버리고 고요했던 오솔길도 시끄러워진다. 그래서 시간적 여유가 허락된다면 반드시 평일에 갈 것을 추천한다.

목장 바로 옆이 서삼릉이다. 중종의 계비 장경왕후의 능인 희릉, 인종과 그의 비 인성왕후 박씨의 능인 효릉, 철종과 그의 비 철인왕후 김씨의 능인 예릉이 3개의 능이다. 종마목장과는 달리 1천 원의 입장료를 받고 있는 탓인지 인적은 드물다. 작은 공원으로 생각하면 오산이다. 산 하나와 연결되어 있어서 걷기 코스도 다양하고 꽤 많은 시간이 필요한 산책로도 있다. 충분한 시간을 가지고 느긋하게 즐기기에 좋다. 목장길 초입에 고양시 최대 규모의 허브랜드가 있는데 허브차 한 잔을 마시는 목적이라면 모를까 일부러 방문할 만큼의 관리는 안 돼 있는 듯하다. 오히려 원당역에서 도보로 5분 거리에 있는 배다리 술박물관은 막걸리 애호가라면 들러볼 만하다. 박정희 전 대통령의 전용 막걸리를 14년간 만들어 납품한 곳이다.

원당종마목장 정보

관람시간 | 09:00~17:00(하절기) / 09:00~14:30(동절기) / 월·화요일 제외하고 연중개방
입장료 | 무료 **전화** | 031-966-2998

찾아가는 길
지하철 3호선 삼송역 하차. 5번 출구 앞에서 1번 마을버스 승차. 버스 종점이기도 한 원당종마목장까지 가는 데 10분 소요. 버스요금은 현금으로 800원

주변 맛집
서삼릉 보리밥(031-968-5694) 텃밭에서 직접 재배한 채소와 보리밥, 그리고 된장찌개의 자연미감. 허브랜드 정문에서 왼쪽으로 난 길을 따라 1km 떨어진 곳에 있다.
서오릉 홍성 옻닭(031-967-9455) 옻나무 등 약재와 함께 삶는 최고의 옻닭과 감동적인 삶은 달걀. 경기도 고양시 덕양구 원흥동 용두사거리에 위치

자연으로 떠나는 치유여행

| 통도사와 영축산 |

소나무에 대한 예배

| 황지우

학교 뒷산 산책하다, 반성하는 자세로,

눈발 뒤집어쓴 소나무, 그 아래에서

오늘 나는 한 사람을 용서하고

내려왔다. 내가 내 품격을 위해서

너를 포기하는 것이 아닌,

너 있는 그대로 받아들이는 이것이

나를 이렇게 휘어지게 할지라도,

제 자세를 흩트리지 않고

이 地表 위에서 가장 기품 있는

建木 : 소나무, 머리에 눈을 털며

잠시 진저리친다.

/ 타인을 타인으로 인정하는 법

　미움이란 무엇일까? 그것은 나의 자존심을 짓밟은 자에 대한 원망이며 증오이자 복수심이다. 나를 무시했으니 너도 당해 보라고 유치함을 모르는 유치함의 바닥을 드러내는 행위다. 가만히 있으면 허깨비로 안다며 어떻게든 나의 꿈틀거림을 시위하고 내가 받은 그만큼 너도 고통스러워야 한다고 앙갚음의 모든 정당성을 필사적으로 동원하는 행동이다.

　그를 향한 미움이 결국은 내 마음의 평화를 모두 빼앗어가고 있다고 깨달을 때, 남을 위해 촉을 세우는 독화살이 정작 자신의 결과 태를 다 갉아 먹고 있다는 생각을 할 때 성당에 가서 억지로라도 외친다. "내 탓이요, 내 탓이요, 모두 내 탓이로소이다."

　그러나 기도를 마쳤을 때 이것이 왜 내 탓인지에 대해서 억울함이 생기는 것까지 어찌할 수 없는 노릇이다. 내 품격을 더 이상 훼손하지 않기 위해서라도 그를 향한 미움을 내려 놓자는 생각, 범인凡人이 하기 어려운 관용이다. 상대를 더 미워하거나 지금의 후유증까지 모두 돌려주겠다고 다시 한 번 전의를 불태우는 것이 오히려 자연스러운 행동이다.

　시인은 소나무에게서 타인을 타인으로 인정하는 법을 배운다. 소나무는 제

머리에 눈과 비를 뒤집어쓰고 혹한의 바람과 갈증의 태양이 내리쬐도 늘 그 자리에서 의연하다. 폭설이 쏟아져 그 폭설을 모두 맞을지라도, 폭설 속에서 소나무는 소나무였던 것이다. 폭풍으로 휘어지고 벼락으로 결국 뿌리째 뽑혀 산등성 어디에 가로로 쓰러져도 소나무의 이름은 소나무였고, 죽은 소나무일지언정 죽은 나무로 불리지 않는 소나무였다.

소나무가 자기의 품격을 지키기 위해 그리했는가? 아니다. 소나무는 자기를 뒤흔드는 모든 외부의 것들을 있는 그대로 인정하는 방식으로 자기의 품격을 스스로 포기했고, 품격을 포기했기에 소나무는 진정한 기품을 영원히 얻을 수 있었다.

또한, 우리가 주목해야 할 놀라운 것 한 가지는 시인이 용서의 과정을 겪는 그 시간성이다. 시인은 학교 뒷산을 산책하다 소나무를 보고 '문득' 용서의 깨달음을 얻었다. 묵혀 뒀다 용서한 것이 아니고, 장고 끝에 용서한 것이 아니라 그렇게 찰나의 용서를 해 버렸다.

불교 용어로 내려놓는 것을 '방아착放我着'이라고 한다. 미움과 번뇌와 집착 덩어리를 내려놓음으로써 새로운 무언가를 얻을 가능성을 열어 둔다는 것이 방아착이다. 그런데 이때 무언가를 놓아 버리는 방법은, '확' 내려놓는 것이다. 소나무를 보고 용서를 선택한 시인처럼 그렇게 우물쭈물하지 않고 미움을 내려놓는 찰나의 결단, 그것이 용서의 방법이다.

어렵고 또 어렵더라도, 칼날을 내리치는 속도로 누군가를 용서하는 것, 그것만이 자신을 구원하고 내상을 치유하는 유일한 길이다.

/ 자연에서 배우는 용서와 내려놓기, 통도사와 영축산

마가 끼는 해가 있다고 한다. 하는 일마다 안 되고 꼬이고 사는 게 유난히 힘들 때 저런 말을 쓴다. 그해 늦봄부터 늦여름까지 지옥 속을 헤매고 다녔다. 불안한 낮, 불면의 밤, 팽팽하게 당겨진 긴장의 일상. 주문처럼 읊조린 '귀농', '이민', '은퇴' 따위의 회피언어들. '마가 끼었나 보다'라고 생각했다.

사람이 원인이었다. 이해하지 못하는 행동을 하는 사람을 이해할 수가 없어서 고통이었다. 좋아했던 관계에 물질과 공동의 이익이 개입되면서 관계의 땅이 질퍽거리기 시작했다. 두 계절 전에 내가 사랑했던 사람들은 두 계절이 지났을 때 어색한 타인이 되어 있었다. 내 눈에 그들은 비열했고 자기의 말에 책임을 지지 못했고 급기야 짐승의 눈빛을 드러냈다.

이해하려 무던히 애를 썼다. 사람이 왜 저렇게 변하는지를 이해하기 위해 논리를 동원하고 역지사지의 방법을 써 봤지만 역시나 이해되지 않았다. 사랑했던 사람을 이해하지 못하는 것만큼 세상의 지옥이 어디 있을까? 그 거대한 장벽 앞에서 돌아오는 것은 절망이고 쌓여가는 것은 상대에의 원망이고 황폐해져 가는 것은 내 가슴이었다.

고통이 임계치를 찍고 있을 때 가을이 왔다. 털어 버려야지. 그래야 내가 살지. 강에 가서 착한 척하지 않는 얼굴로 욕을 해야지. 얼음처럼 차갑게 상대를

더 나쁜 놈으로 만들고 나는 기어 나와야지. 상대의 눈에 비친 나는, 똑같이 치사하고 허언虛言하고 선하지 못한 눈을 가졌을 거라는 자책일랑 아예, 하지 말아야지. 그런데 강을 갈 수 없었다. 가을 강의 신산함은 제 한 몸도 주체하지 못할 정도여서 도저히 곪은 저주를 쏟아낼 자신이 없었다. 강이 눈물을 흘린다면 그것은 가을 강일 것이다. 차라리 산을 오르는 게 거꾸로 강이 나에게 보일 응석을 피하는 길일 것 같았다.

그래서 오른 산이 영축산이다. 신불산, 간월산, 재약산 등과 함께 영남의 알프스라고 불리는 아름다운 산. 신라의 자장율사가 창건한 천년고찰 통도사를 품고 있는 후덕한 산. 신령스런 독수리의 산이라는 신화를 간직한 산. 가을이면 영축산에서 신불산까지 이어진 신불 평원의 억새로 산꾼들을 불러 모으는 산.

무풍한송舞風寒松, 통도사의 들머리 숲길을 거닐다

통도사는 부처님의 전신사리와 가사를 간직하고 있으며 '한국의 3대 사찰'로 일컬어지는 명승고찰이다. 영남권에 거주하는 사람들에게는 너무나 익숙하고 친근한 절이자 특히 무풍교에서 시작되는 들머리 솔숲은 통도팔경의 으뜸으로 여겨지기도 한다.

무풍한송, 서늘한 기운의 소나무들이 울렁이는 바람에 따라 춤을 춘다는 그 솔길은 짧다. 무풍교 입구에서 청류교에 이르는 고작 1킬로미터 정도의 보행로이며 천천히 걸어도 30분이면 통도사에 닿는 거리다. 어차피 서두를 이유는 없으니, 천천히 솔바람을 맞으며, 솔향을 맡으며, '소나무에 대한 예배'도 읊조리며 걸어 보자. 그렇게 통도사에 이르러 통도사를 둘러보고도 여유가 있다면 통도사의 부도원 솔밭까지 거닐어 보는 것도 괜찮다. 3단으로 된 부도원 중 2단에는 근현대 통도사 스님들을 모셔 두었다.

통도사에는 무려 19개의 암자가 있다. 영축의 영험한 새벽 기운을 발산하며 가슴 시린 나그네를 맞아 준 극락암은 그 중 하나의 암자다. 암자는 어쩌면 죽음 앞에선 삶의 마지막 정거장일지 모른다. 화려한 사찰이 거대한 부처님에 의지하며 중생을 위로하는 곳이라면, 암자는 삶의 허무와 회의, 실패에 지친 날생이들이 그 무엇을 찾고자 피신하는 곳이다. 자신 앞에 던져진 화두 앞에서 죽음과 대치하며 삶의 구도를 새롭게 그려가는 곳이다. 그래서 암자를 서성대다 보면 지친 두꺼비의 할딱거리는 호흡이 환청으로 들리곤 한다.

이름이 극락암이란다. 화두를 파破하면 극락이 온다는 것일까? 아니, 이곳에 들어와 있다는 것으로 극락에 이르렀다는 뜻일까? 만일 후자의 경우라면 그 새벽, 나는 극락에 와 있다. 그러나 극락에 와 있다니 극락에 온 줄 알 뿐, 강가에 서조차 풀지 못할 내 마음은 이 정도 암자에서 극락의 위로를 받지는 못한다.

감탄이 넘쳐 욕이 튀어나왔던 영축산의 억새

이제 산을 오른다.

백운암을 끼고 오르는 등반로는 온통 돌이고 온통 거침이다. 자칫 발을 헛디디면 돌무더기와 함께 저 아래로 떨어질 판국이다. 험로여서 덕분에 등반객도 없고 소음도 없다. 그해 가을은 유난히 더워 단풍이 들지 않는다더니, 강원도 어디메는 이미 서리가 내렸다 하는데 가을 산의 나뭇잎은 메마르게 푸석였다. 그나마 드문드문 빨간 단풍이 오르는 이 쉬어 가라고 제법 가을 흉내를 내고 있었다. 오름의 끝에 운무가 내려 있다. 벌써부터 억새의 펼쳐짐이 예사롭지 않다.

영축산 정상에서 신불평원까지 가는 능선은 참으로 변화무쌍하다. 어느 때는 깊은 숲 속이었다가, 어느 때는 경부고속도로와 통도사가 발아래 내려다보이는 전망대였다가 꼬불꼬불 즐거운 산책로가 되기도 한다. 산 중에는 날카로운 발톱과 거침없는 수직으로 산꾼에게 전의를 불러일으키는 산이 있고 풍만한 가슴과 유려한 둔부로 산꾼에게 어지러운 욕정을 느끼게 하는 산이 있다면, 영축산

은 전의보다는 욕정 쪽에 훨씬 더 가까운 산이다.

제주의 오름이나 몽골의 너른 평원을 닮아서 하늘이 더 많이 가깝다고 생각하는 순간, 본격적인 억새의 무리를 만나게 된다. 사람은 슬플 때만 아니라 기쁠 때도 눈물을 흘리듯이, 기분이 바닥을 칠 때만이 아니라 최고의 아름다움 앞에서도 욕지거리가 튀어나온다. 억새로 뒤덮인 이 산에서 나는 기어코 욕 한마디를 흘려 버린다. 억새의 어감만큼 거친 욕이다.

억새. 말의 어감으로 억새는 마치 잡초처럼 거칠고 투박하다. 경쟁에서 누군가를 누르고 승리를 쟁취한 자의 거친 호흡도 전해진다. 칡뿌리라는 단어를 입 속에 넣고 굴릴 때처럼 강인한 생명력도 느껴진다. 그러나 어감과는 달리 하나의 억새는 여리고 또 여리다. 풀과 갈대가 그러하듯 바람이 부는 대로 제 몸을 뉠 수밖에 없는 순응에의 모습은, 그 여림으로 제 생명을 이어 나갈 수밖에 없는 자의 숙명적 선택일는지 모른다. 쭉 뽑아도 반항하나 없을 것 같은 나약함. 반면 무리 지어 있는 억새는 어감만큼 강인하다. 그 무리는 보는 이에게 장관의 풍경을 만들어 주고 걷는 이를 자꾸만 안쪽으로 빨아들이는 흡입력도 보여 준다. 하늘과 땅이 서로의 위치를 바꿔야 한다면, 하늘이 되어야 할 땅은 억새밭이 되어야 마땅하다. 푸름과 억새의 순한 황토색은 대체되어도 아깝지 않다.

소나무와 억새의 말을 들어라

통도사의 들머리에서, 영축산의 능선에서 나는 소나무와 억새의 말을 들었다.

그들을 때리는 바람이 이해의 대상이 아니듯, 사람 역시 이해의 대상이 아니라고. 자신들이 바람에게 그러하듯, 너도 사람을 있는 그대로 받아들이면 되는 것이라고. 이해하려 노력할 대상은 사람이 아니라 상황이며, 사람과 상황을 구분할 때 처음 좋아했던 사람은 여전히 좋은 사람으로 남으리라고. 그때, 둘이 만들어낸 상황은 이해되거나 혹은 이해되지 않은 채 남겨지리라고.

신불산 정상을 지나 간월산을 거쳐 간월공룡을 타고 내려오는 하산 길에서 패러글라이딩이 창공을 나르고 있었다. 한껏 홀가분해진 마음으로 아교처럼 내 몸을 달라붙었던 마魔와 미움을 '훅!' 하고 불어버렸다. 의외로 '툭!' 하고 떨어지는 그놈.

통도사와 영축산 정보

통도사(055-382-7182) www.tongdosa.or.kr
입장료 | 어른 3,000원 / 어린이 1,000원
찾아가는 길 | 대중교통 : 부산동부 시외버스터미널 → 통도사(10분 간격, 40분 소요)
양산 시외버스터미널 → 통도사(수시)
승용차 : 경부고속도로 통도사 나들목을 나오면 우측에 통도환타지아가 있고 좌측에는 통도사를 들어가는 주차장이 있다.
등산 코스 | 통도사 → 극락암 → 백운암 → 영축산

주변 맛집
언양 불고기(055-382-9951) 적당한 양념에 고소하게 배어 있는 숯불 향, 부드럽고 쫀득한 불고기 맛. 경남 양산시 하북면 순지리 580-1. 통도사 시외버스 주차장에서 통도사 쪽으로 200미터 쯤 올라가다 보면 왼쪽에 위치
부산식당(055-382-6426) 신선한 산채정식과 풍성한 파전. 통도사 앞에 있다.

슬픔의 코드에 잘 닿아 있는 곳
| 영월 청령포 |

물방울, 송곳

| 정병근

이 기억을
모두 잊는 날이 올 것이다
그렇지 않으면 지금의 시간이
어찌 지금만일 수 있으리

물방울이 맺힌다
한 방향으로만 걸어온 기억이
마지막 시간을 쥐어짜고 있다
올 데까지 온 기억의 장렬한 최후

결심을 끝낸 물방울이 떨어진다
뒷물방울이 앞 물방울의 목을 친다
바닥에 부딪쳐 산산조각 나는 머리통

똑, 똑……
맨몸을 던져 바위를 뚫는
저 집요한 기억의 송곳

/ 잊고 싶어도 잊히지 않는다면

신이 인간에게 내린 축복의 선물 중 으뜸은 망각이라고 한다. 아무리 아프고 고통스럽고 슬프고 치욕스럽고 두려웠던 일들도 시간의 흐름 속에서 흐물흐물 형체를 흐트러뜨리다 우리의 머릿속에서 연기처럼 스르륵 사라진다. 망각이 없었다면 그 많은 기억의 괴물이 차곡차곡 쌓여 결국 우리를 압사시켰을 것이다. 생각만 해도 끔찍한 일이다.

반면 무던히 잊으려고 노력해도 정말 잊히지 않는 기억도 있다. 그 기억은 송곳처럼 끝이 날카로워서 수시로 가슴을 후벼 파고 언제 어느 곳에서든 사람을 지옥 속으로 끌고 간다. 날이 너무 좋아 가벼운 산책을 하는 동안에도, 사랑하는 사람과 기분 좋은 영화를 보고 난 직후에도, 하루의 일을 끝내고 편안하게 누운 침대 위에서도 고통의 기억은 느닷없이 날을 세우고 덤벼든다.

최근 각종 심리학책을 통해 '애도'라는 단어를 자주 발견한다. 애도는 떠나보내는 슬픔을 소화해내는 것이고, 그것을 잘하는 것은 인간의 정신건강에 대단히 중요하다는 것이 심리학자들의 공통된 설명이다. 그렇다면 잊고 싶어도 잊혀지지 않는 고통의 기억은 어떻게 해야 할까? 사랑하는 사람을 어떻게 떠나보내는 것이 좋은 이별이고 좋은 애도일까? 신실한 종교의 힘을 바탕으로 고통

의 대상을 용서할 수도 있을 것이고 운동이나 독서 등의 취미 활동을 통해 관심의 영역을 다른 곳으로 돌리는 방법도 있을 것이다. 그리고 이른바 정면 승부의 방법도 있다. 즉, 고통의 기억을 똑바로 직면한 후 마음껏 소리를 지르고 슬퍼하고 통곡하는 방법이다.

애도 심리 에세이 〈좋은 이별〉을 쓴 김형경 씨는 이 책을 통해 유대인의 애도 매뉴얼을 소개한다.

"애도하는 사람은 장례까지 3일 동안 사회적·종교적 임무가 면제된다. 장례식 후 7일 동안은 집에 머물면서 친지와 지인의 방문을 받는다. 조문객들은 애도자를 중심으로 떠난 사람에 대한 이야기를 나누며 애도하는 사람이 충분히 슬퍼할 수 있도록 도와 주고 떠난 사람이 남은 이들의 내면에 살아 있음을 보여 준다. 장례식 후 한 달 동안은 머리를 자르지 않고, 사회 활동을 최소화하고 매일 교회당에 가서 기도한다. 그다음 일생생활로 돌아가지만 매년 기일마다 특별한 의례를 행하며 떠난 사람을 기린다."

슬픔을 폭발시키며 화산처럼 눈물을 쏟아냈을 때 그것이 얼마나 마음을 가볍게 하고 평화를 회복시켜 주는 것인지는 일상 속에서도 종종 경험한다. 최루성 높은 영화나 드라마를 보면서 누구든 울음의 정화 기능을 체험해 봤을 것이다. 여행지 중에도 슬픔의 코드에 잘 닿아 있는 곳이 있다. 대표적인 곳이 영월의 청령포다.

/ 가슴 밑바닥까지 슬픔이 차오를 때, 영월 청령포

열두 살에 왕위에 올랐지만 작은아버지 수양대군에게 왕위를 빼앗기고 유배되어 17세의 꽃다운 나이에 죽임을 당한 단종의 유배지가 바로 청령포다. 세상에 대해, 권력이란 것에 대해 알기에는 너무 어렸을 나이에 이 깊은 곳에 버려진 채 죽음을 기다려야 했을 그이의 마음은 대체 어떠했을까?

청령포는 나룻배가 없으면 드나들 수 없다. 서강의 깊은 강물이 삼면을 둘러싸고 있으며 험준한 절벽이 다른 한 면을 막고 있다. 그야말로 천연감옥인 셈이다. 나룻배, 유배, 송림 등 애잔함을 대표하는 모든 장치는 청령포에 있다고 봐도 좋다. 그래서 입장료를 끊고 나룻배를 타는 그 순간, 여행자는 묘한 슬픔에 빠져들게 된다. 그 숙연함은 단종을 향하다 어느 순간 자신의 가슴 밑바닥 속에 남아 있는 그 어떤 기억의 지점으로 향한다.

스으스으 나룻배가 청령포에 가까워지고 하늘 높게 솟아 있는 소나무숲 사이로 청령포의 실체가 조금씩 눈에 잡히게 된다. 그 숲을 지나면 단종이 살았던 곳을 복원한 건물이 나타난다. 이름 하여 단종어가. 승정원일지의 기록에 따라 그 당시의 모습을 재현한 기와집이다. 단종이 머물던 본채와 궁녀 및 관노들이 기거하던 사랑채가 있으며 밀랍인형으로 당시의 모습을 재현해냈다. 심지어 그 밀랍인형까지도 왜 그리 측은하게 심정을 파고드는지, 사람들은 어가 주변에 흐르는 침묵과 정적을 함부로 깨려 하지 않는다. 마루에 걸터앉아 잠시 망상에 빠져 보는 짧은 그 순간, 모두들 단종의 영혼을 만나는 듯 표정들이 착잡하다.

단종어가 너머로 좀 더 걸어 들어가면 높은 노송 한 그루가 서 있다. 유배시절 단종은 이 소나무의 갈라진 틈에서 쉬었다는 이야기가 전해 오고 있다. 이 노송의 이름은 관음송이다. 유배 당시 단종의 생활하던 모습과 그의 오

열하는 소리를 들었다고 하여 붙여진 이름이다. 소나무의 수령을 약 6백년으로 보고 있다.

관음송 너머엔 조그마한 층암절벽이 있다. 망향탑이 위치한 곳이다. 망향탑은 단종이 직접 주위의 흩어져 있는 돌을 주워 쌓아 올렸다. 자신의 앞날을 예측할 수 없었던 상황에서도 한양에 두고 온 왕비 송씨를 생각하며 만든 탑이다. 망향탑은 청령포에서 단종이 남긴 유일한 흔적이기도 하다. 노산대에 오르면 벨 앤 세바스찬 노래보다 슬프면 슬펐지 덜하진 않은 바람의 노래를 들을 수 있다. 그 노래를 들으며 당신의 기억을 씻어보라. 눈가에 굵은 물방울이 맺혀서 똑 하고 떨어진다면 그 슬픔의 장소에 그 물방울을 묻고 개운하게 돌아오라. 그때 청령포는 단종의 유배지가 아니라 당신이 잊고 싶었던 기억의 유배지가 될 것이다.

〈엄마야 누나야〉의 분위기를 그대로 닮은 십리 강변길

선돌을 들르자. 선돌은 영월읍 방절리 서강의 70미터 정도 높이의 바위를 말한다. 마치 큰 칼로 절벽을 내리치다 그친 듯한 형상을 이룬 입석이다. 영월 읍내에서 제천 방면 31번, 38번 도로를 이용하여 장릉을 조금 지나면 도로 좌측에 선돌 주차장이 보인다. 영월의 관문이라 할 수 있는 소나기재 정상 휴게소에 주차를 하고 오솔길을 따라 5분 정도 들어가면 강변 절벽이 나타난다. 절벽 앞으로 쪼개지다가 만 큰 바위인 선돌이 보인다. 오솔길을 걷는 재미가 쏠쏠하고 높은 절벽에서 바라보는 강과 들판의 경치도 장관이다. 20분 이내면 간단히 관람을 마칠 수 있는 곳이다.

좀 더 오지의 강원도 풍경을 만나고 싶다면 문희마을을 가자. 강원도 평창군 미탄면 마하리, 51킬로미터 동강 줄기 한가운데 있는 강마을이 문희마을이다. 진탄나루에서 문희마을에 이르는 십리 강변길은 동요 〈엄마야 누나야〉의 분위기를 그대로 닮았다. 무심하기도 하고 대범하기도 한 동강의 강물이 곡선을 그리며 흘러가는 한쪽으로 길이 나 있다. 그림 같은 풍경이다. 조심조심 운전을 하며 들어가지만 그 그림에 넋을 빼앗겨 자꾸 차를 멈추게 된다.

문희마을은 그 길을 계속 가다 보면 수줍은 들꽃처럼 숨어 있는 마을이다. 마을이라고 해야 고작 몇 채의 집이 전부다. 문희마을 뒤쪽 칠목령에 오르면 동강의 전부를 한 눈에 볼 수 있다.

청령포 정보

청령포(033-370-2620)
개장시간 | 09:00-17:00   입장료 | 어른 1,300원 / 어린이 700원
찾아가는 길 | 신갈 호법분기점(영동고속도로) → 만종분기점(중앙고속도로) → 제천 IC(38번 국도) → 서영월 나들목 → 청령포 좌회전(53번 국도) → 청령포(강원 영월군 남면 광천리)

문희마을
찾아가는 길 | 새말 나들목에서 영동고속도로를 빠져나와 안흥 → 42번 국도 → 방림 → 31번 국도 → 평창 → 42번 국도 → 미탄을 거쳐서 정선 쪽으로 3분쯤 달리다가 42번 국도를 벗어나 우회전하면 진탄나루와 문희마을로 이어진다.

주변 맛집
사랑방 식당(033-374-4655) 관광객이 아닌 영월의 주민들에게 사랑받는 영월 최고의 보리밥 정식과 오징어구이. 강원 영월군 영월읍 영흥리 14리 1반. 영월터미널에서 읍사무소 방면으로 향하다 읍사무소 정문 앞에서 좌회전해서 장릉 방향으로 약 10m 지점에 위치

장릉 보리밥집(033-374-3986) 기교 없이 정직한 보리밥의 전국구 스타. 강원 영월군 영월읍 영흥리 1101, 영월 장릉 관광지 바로 옆에 있다.

그리움을 가득 안고 떠난 여행
| 목포 |

선술집

| 고은

기원전 이천년쯤의 수메르 서사시 '길가메시'에는

주인공께서

불사의 비결을 찾아나서서

사자를 맨손으로 때려잡고

하늘에서 내려온

터무니없는 황소도 때려잡고

땅끝까지 가고 갔는데

그 땅끝에

하필이며 선술집 하나 있다니!

그 선술집 주모 씨두리 가라사대

손님 술이나 한잔 드셔라오

비결은 무슨 비결

술이나 한잔 더 드시굴랑은 돌아가셔라오

정작 그 땅끝에서

바다는 아령칙하게 시작하고 있었다

어쩌냐

/ 인생 뭐 있간디요? 사는 게 별거 아니지라

살면서 우리는 시시각각으로 위중하다. 상대가 의미 없이 던진 말 한마디가 위중하게 다가오고, 통장의 잔고가 위중하며, 점점 더 자신이 없어지는 건강이 위중하고 불확실한 미래가 끔찍하게 위중하다. 그 위중함에 침몰되다 보면 세상에 희망은 없고 만사가 다 귀찮고 무기력해진다. 친구도 가족도 다 거치적거린다.

기차역이나 터미널, 공항 등에서 여행지로 향하는 사람들의 얼굴도 더러는 위중하다. 특히 홀로 여행자의 경우는 더 심하다. 면벽을 한 채 고승이 던진 화두를 깨우치려는 수도승처럼 일부는 심각하고 또 일부는 그 화두를 포기한 사람처럼 체념의 기운을 감추지 않는다. 덜어 버릴 것도 많고, 얻어 올 것도 많은 각자의 여행인 듯싶다. 혹은 여행으로도 어쩔 수 없을 정도의 지친 삶의 얼굴도 보인다.

그러나 나의 위중함과는 달리 인생이란 놈은 그저 건들건들 경망스럽고 가볍고 경박하다. 인생이란 도대체 무엇인지, 왜 이렇게 아등바등 살아가야 하는지를 고민하고 있을 때, 여행지 선술집에서 만난 주모가 말한다. "인생 뭐 있간디? 술이나 한잔 마시고 어여 돌아가쇼잉." 젖은 행주를 탈탈 터는 무심함으로 주모는 말하고, 인생 선배의 달관자적 말투에 묘한 위로를 느끼기도 한다. 그래, 맞다. 인생 뭐 있는가? 머리를 싸매고 고민하고 어쩌니 저쩌니 애를 써 봐야 내 뜻대로 안 되는 놈이 인생인 것을. 그저 내 앞에 있는 걸쭉한 막걸리나 목구멍 속에 넘기는 것이 짜릿한 해답일 수 있음을. 땅의 끝에서 다시 또 시작하는 바다처럼 단락 없이 이어지는 인생 앞에서 몸부림 따위는 그저 부질없다. "아줌씨, 여기 막걸리나 한 주전자 더 주이소."

/ 그립고 그리운 목포 도심 걷기

만사에 귀찮고 삶의 의욕도 사라지며 그저 눌러앉고 싶어질 때 버스를 타고 저 아랫녘 목포를 가자. 그 오래된 도시를 천천히 거닐고, 언덕을 오르락내리락하며 땀을 흘리다, 푹 삭인 전라도 홍어에 막걸리 한 사발을 마시고 돌아와 보자. 영화 세트장처럼 근대 문화유산이 오밀조밀하게 들어서 있는 목포는 의외로 걷기에 참 좋은 도시다.

내가 목포를 처음 본 것은 군대 이등병 때였다. 무안의 해안부대의 사병들에게 목포는 외박 및 외출의 집결지였다. 유달산에 올라 이십 대 초반의 눈으로 본 목포의 전체는 이국적일 정도로 낯설었다. 지붕 낮은 일본식 목조주택, 정물화를 보는 듯한 정지된 느낌, 밤이면 역전 뒤로 피어나던 홍등가의 처연한 불빛, 그리고 어디선가 흘러나오는 목포의 눈물… 이 정도가 내가 기억하는 목포의 거의 전부였다.

산업으로서의 관광이 가진 특징은 심지어 부정적인 부분까지도 가공한 후 상품화할 수 있다는 것이다. 목포가 좋은 예가 될 듯하다. 내가 가졌던 한恨의 이미지, 일본 수탈의 시작이자 끝이었던 불행한 도시의 역사는 오히려 근대 문화유산이라는 이름으로 관광상품화를 빠르게 진행하고 있다. 특히 목포 원도심을 걸으며 목포의 근대를 훑어보는, '목포 골목길 답사'와 같은 프로그램은 유달산 위에서가 아닌 목포의 골목 안에서 좀 더 친근하고 생생하게 목포를 만날 기회를 얻는다.

목포시가지는 목포역을 중심으로 일본인이 조성한 유달산 남쪽거리와 바닷가에서 먼 유달산 동쪽으로 나눌 수 있다. 걷는 순서는 옛 일본 영사관 쪽, 즉 옛 중심가를 먼저 둘러보고 김난영 생가 터를 중심으로 동쪽지역을 돌아본다.

밤이면 루미나리에 조명이 번쩍이는 젊음의 거리를 지나고 최승희와 홍난파 등이 공연했던 평화극장 터를 지나면 일본 강점기 때 소방서가 있었던 초원실버타운이 나온다. 걷기 여행의 랜드마크라고 생각하면 된다. 그 앞을 지나면 곧 국도 1, 2호선 기점비가 보인다. 목포는 신의주와 부산을 잇는 1,2번 국도의 기점이다. 그 뒤쪽에 옛 일본 영사관(사적 289호)이 있다.

단단한 벽돌조의 2층 건물이며 과거 일본 관공서에서 자주 볼 수 있는 아치형 디자인이 많이 쓰였다. 건물의 앉음새나 디자인 방향은 확실하다 못해 노골적

이다. 높은 곳에서 아래를 내려다보는 위엄, 지시, 억압. 지배의 메시지가 창문 위에 보이는 욱일승천기 문양과 더불어 암울했던 과거의 잔상을 드리운다. 건물 뒤편에 일제강점기 말기에 지어진 방공호가 있다. 공습에 대비한 것으로 길이가 82미터라고 되어 있으며 입구는 철문으로 막혀 있다. 옛 일본 영사관은 광복 후 목포시청, 시립도서관, 목포문화원으로 쓰이다가 현재는 전시관으로 쓰기 위해 내부수리 중이다.

다시 걸음을 옮겨 국도 1, 2호선 기점비에서 오른쪽으로 간다. '푸른 책방' 옷가게가 보인다. '푸른 책방'이라는 산뜻한 책방 간판을 그대로 둔 채 옷가게를 하고 있다. 뗄 경황이 없었을까? 아니면 일부러 떼지 않았을까? 이상하게 하얀색 책방간판 아래의 옷가게가 어색하지 않다.

목포 근대문화유산 답사기

걸음을 옮겨 근대전시관 쪽으로 가다 보면 오른쪽 골목 안에 호남지역에서 가장 규모가 크다는 일본식 정원이 있고 길 건너 오른쪽 유달초등학교 안에는 1908년 영광 불갑산에서 잡힌 한국호랑이의 박제가 보존돼 있는 심상 학교의 강당이 있다.

적산가옥들과 옛날 집들이 섞여 있는 시가지는 걷기 좋다. 기독교회 아래쪽 모퉁이에 근대역사관이 자리 잡고 있다. 본래 건물의 용도는 일제수탈의 상징이었던 동양척식주식회사다. 지금은 목포의 옛모습과 일제의 만행을 담은 사진이 전시되어 있다. 옥상은 원

칙적으로 못 올라가게 되어 있지만 관리인에게 허락을 받아서 올라가 보자. 유달산자락 아래 펼쳐진 목포의 풍경이 한눈에 들어온다. 옥상에서 보면 오포대 바위가 끝나는 부분에 정원수가 많고 연녹색의 낮은 지붕이 보이는 곳이 위에서 말한 이훈동 정원이다. 일본식 정원이며 지역의 사업가인 이훈동이 매입해서 지금은 성옥미술관으로 쓰고 있다. 이 정원을 보려면 성옥기념관에 허락을 얻어야 하지만, 이렇게 근대 역사관의 옥상에서도 대강의 형태를 바라볼 수 있다.

이쯤에서 미리 이야기한다면 지금 하나씩 근대문화의 유산들을 짚어 가고 있지만 막상 그것들 하나하나는 여행객의 눈에 큰 감흥을 주지 않는다. 지도를 가지고 다니되, 굳이 놓쳐도 상관없고 어쩌면 별로 대수롭지 않게 지나친 곳이 지도에 표시된 문화유산일 수도 있다. 그저 걸리는 대로 보고 발걸음이 멈추는 곳에서 멈추면 그만이다.

역사관 맞은편에는 행복한 집이라는 카페가 있다. 일본인이 살던 집과 정원인 적산가옥 중 규모가 크며 보존이 잘된 곳이 카페로 영업 중이다. 하우스 와인과 커피, 맥주, 간단한 식사를 할 수 있다. 질 좋은 오디오에선 늘 클래식이 나온다. 점심때쯤 가면 창가로 가득 찬 햇살을 보게 될 것이다. 한 시간여 따뜻한 햇볕과 하우스 와인의 달콤함을 즐기고 다시 길을 나선다.

이제 조선시대 왜구의 침입에 대비해 성벽을 쌓았다는 목포진을 가 보자. 높은 언덕이었던 이곳엔 집들이 들어차서 바다가 보이지도 않고 성벽도 흔적이 없어 옛 모양을 가늠하기 힘들다. 다닥한 골목길을 지나 이제 혼마치(본거리)라 불리던 옛 중심가를 걷는다.

이곳에는 참 오래된 가게가 많다. 갑자옥 모자점도 그 중 한 집이다. 한자리에서 80여 년 모자를 팔아 왔다. '갑자옥'이라는 상호는 갑자년에 시작했다는 뜻이다. 가방과 다른 몇 가지들도 함께 팔지만 그래도 주 종목은 여전히 모자다. 브랜드가 판치는 세상에 누가 이런 것을 사는가 했지만 목포 주변 섬주민들에게는 차가운 바람 속에서 귀를 보호해 주고, 맵시도 나게 해 주는 고마운 모자 가게다. 예전에 화신백화점이었던 건물도 보이고 순수 민족자본 은행이었던 옛 호남은행 목포지점, 56년간 한자리를 지켜온 '묵다방'도 만날 수 있다.

북부지역에서는 목포 청년운동의 산실이었던 신안군청 옆 목포청년회관과 옛 무안감리서 건물을 보고 북교 초등학교에서 본격적인 걷기 여행을 시작한다. 김대중 전 대통령과 목포의 가수 이난영이 나왔던 학교다. 지금은 가고 없는 사람들이 자라 왔던 자리들. 어떤 이들에게는 아무런 느낌도 없겠지만 그들을 사랑했던 사람들은 짙은 그리움의 장소가 된다. 교문 앞에 작명소가 있다. 아마도 초등학교 앞에 작명소가 있는 곳은 여기가 유일하지 싶다. 개천에서 용이 난다는 것은 모든 이들에게 용기와 희망이다. 작명소가 충분히 있을 만하다.

일제강점기에 세워진 목포 최초의 교회, 양동교회를 보고 유달 파크맨션 뒤로 가면 이난영 생가 터가 있다. 유달산에 오르면 밤낮으로 흐르는 '목포의 눈물'을 부른 사람. 열여덟 나이에 그런 슬픈 목소리를 낼 수 있었다는 것이 믿어지지 않는다. 신안군청 앞의 구 청년회의소를 보는 것으로 근대 문화유산 답사는 마감한다.

낡고 작은 것들의 풍경

유달산 자락에 자리 잡은 달동네, 온금동을 오른다. 우물이 없어 오래도록

마을 사람들이 고생을 했다. 그러다 우물 파 준 사람에게 공덕비까지 세워준 비탈동네다. 공장이 들어서기 전 마을 앞은 갯벌이었으며 모두 바다를 먹고 살았다. 조선내화공장이 들어서자 바다를 두고 공장일로 밥을 해결했다. 이젠 하나 둘 떠나고 비탈진 오름길, 세 걸음 딛고 한 번 쉬는 할머니들의 한숨 소리만 남았다.

목포진도 그랬다. 흔히들 서양의 광장문화와 비교해 우리에겐 골목문화가 있다고 이야기한다. 광장에서 토론과 합의가 이루어질 때 골목에선 이야기와 삶이 오갔다. 광장에서 축제가 이루어질 때, 골목길 어느 쪽마루에서 이야기꽃이 핀다. 골목길은 전국에 아직 많이 남아 있지만 목포진은 골목길의 정수를 보여준다. 공간을 빈틈없이 이용해 집을 올리고 계단을 만들었다.

여행자의 눈에 어떻게 보이든 달동네는 고달픈 삶의 현장이다. 힘든 노동을 마치고 비탈을 걸어 올라와 몸을 뉘던 작은 집. 휴식처이자 때로 버거운 삶의 무게로 또 다른 분란이 생기던 그 좁은 길. 사람들의 삶이 나아지거나 혹은 망

가져서 그들은 조금씩 떠났다. 그리고 골목길을 메우던 아이들의 웃음도 가져 갔다. 그들의 자전거를 버려둔 채. 잠겨진 대문 앞에 담쟁이만 무심하다.

막걸리 한 잔 어떠리?

전라도 잔칫상에 홍어가 빠지면 반 푼짜리 잔칫상이 된다. 홍어에 막걸리는 군침이 도는 궁합이다. 홍어의 맛은 한마디로 정의하기 어렵다. 송수권의 표현대로 '남도의 그로테스크한 맛'이 가장 적당하려나. 맛을 제대로 알지 못하지만 목포에 오면 꼭 홍어를 먹어야 할 것만 같다. 그 홍어에 막걸리 한 잔으로 여행을 마무리하자. 우짤 것인가? 과거의 사람들이 그렇게 살아 왔듯, 우리도 징하게 살아가는 수밖에. 홍어처럼 그렇게 독한 마음으로, 막걸리처럼 유순한 마음으로, 주모의 웃음처럼 헤벌쭉하게.

목포 정보

찾아가는 길
기차 | 서울 용산역에서 목포역까지 KTX 하루 10회 운행(3시간 30분 소요)
고속버스 | 수시 운행
승용차 | 서서울 IC → 목포(4시간 소요)

목포 골목길 답사
매달 셋째 주 토요일 오후 2시 목포문화원에서 출발(1시간 30분에서 2시간 소요)
문의 | 목포문화원 061-244-0044 www.mokpoculture.or.kr

주변 맛집
덕인 주점(061-242-3767) 전설의 흑산 홍어와 민어찜, 그리고 막걸리! 전남 목포시 무안동 4-5. 목포역을 등지고 국도 1호를 따라 좌측으로 조금 가면 우측 대로변에 있다.
그 밖에 갑자옥 모자점 근처에 각종 전라도 반찬이 한 상을 채우면서도 6천 원을 받는 백반집이 많다. 어디든 들어가도 후회는 없다. 걷기가 끝나는 목포청년회관 옆 중앙식료시장은 먹자골목이다. 이곳에서도 맛있고 정겨운 남도 음식을 다양하게 맛볼 수 있다.

어느 날 엄마가 그리울 때 | 운주사 |

엄마

| 정채봉

꽃은 피었다
말없이 지는데
솔바람은 불었다가
간간이 끊어지는데

맨발로 살며시
운주사 산등성이에 누워 계시는
와불님의 팔을 베고
겨드랑이에 누워
푸른 하늘을 바라본다

엄마…

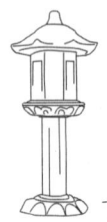

/ 살아가다가 어느 날 엄마가 그리울 때

누구에게나 가슴 속 한쪽에 묻고 있는 그리움의 대상은 엄마다. '어머니' 말고 '엄마' 다. 그 엄마가 여전히 살아계셔 숨 쉬는 엄마이건, 이제는 하늘나라로 가버린 엄마이건 모든 장성한 자식들 마음의 강 위에 엄마는 조각배 되어 아득함으로 흐른다. 그 아득함은 그리움과 죄의식의 지점을 번갈아 교차한다. 그 이름만으로 언제든 달려가 안기고 싶은 그리움, 그리고 그 이름을 불렀을 때 수만 가지의 불효함이 폭풍처럼 밀려오는 죄의식. 그렇게 엄마는 하나의 강물에서 두 개의 물색을 갖는다.

그나마 지금도 살아 계신 엄마를 둔 자식이라면 참으로 다행이다. 마른 장작처럼 가늘어진 무릎일지언정 내 머리를 묻고 엄마의 냄새를 맡을 수 있다는 것은 얼마나 큰 행복인가. 말라 비틀어진 가슴이라도, 응석처럼 "엄마 한 번만 만져 보자"라고 말할 수 있다는 것은 또 얼마나 다행인가. 친구 부모의 장례식장에 다녀온 날이면 엄마를 한 번 더 불러 보며 효도를 다짐할 수 있다는 것은 얼마나 고마운 일인가.

땅속에 부모를 모신 자식은 어느 새벽에 악몽 속에서 잠이 깨어, 보고 싶어도 볼 수 없는 엄마가 생각나 공연히 거실을 서성이고 가슴을 두어 번 친 후에야

겨우 다시 잠을 청한다. 그러나 다시 잠이 올 리가 없다. 그리움은 어느새 죄의식으로 변해 그 새벽을 속수무책으로 만들어 버린다.

나에게도 어머니와 관련하여 원죄의식이 있다. 내가 군대에 있을 때 마흔이 넘어 나를 낳으신 늙은 내 어머니는 철자가 다 틀린 글자로 몇 통의 편지를 나에게 보내 주셨다. "사랑한은 아드라 엄이는 니가 보고십구나". 편지지에 연필로 꾹꾹 눌러 소리 나는 대로 적은 그 편지는 어머니가 돌아가신 지 수년이 지난 지금까지 우리 집 책장 어딘가에 있다. 어.딘.가.에 .있.다.

어머니가 돌아가시고 나는 한 번도 그 편지를 꺼내 보지 않았다. 무섭고 두려웠다. 내가 의식적으로 잊고 있던 어머니에 대한 나의 치졸하고 이기적인 불효의 구체성이, 그 편지 하나하나에 다 되살아날까 봐 나는 어머니의 편지를 감히 꺼내 읽지 못하고 있는 것이다. 그것은 사모곡과는 전혀 다른, 내 어머니에 대한 나의 원죄의식이다. 어미의 살을 갉아먹고 이제는 제 새끼를 낳아, 하루하루를 편안하게 살아가려는, 인간답지 않은 스스로에 대한 통한을 느끼는 것이 너무나 무서운 것이다.

살아가다가 어느 날 엄마가 떠오를 때, 두 곳의 여행지에서 우리는 마음껏 엄마를 불러볼 수 있다. 엄마에 대한 그리움을 마음껏 발설하는 곳, 운주사. 그리고 엄마에 대한 원죄의식을 피하지 않고 마주할 수 있는 곳, 장흥이다.

/ 구름이 쉬어 가는 사찰, 운주사

감수성이 남다른 후배는 어느 날 자신의 트위터에 이런 글을 올렸다.

"제가 좋아하는 절집들을 사랑의 과정에 비유한 적이 있습니다. 선암사는 사랑이 막 시작되는 때, 겨우 손만 잡았는데 온 세상을 다 얻은 것 같던 때이고요. 쌍계사나 분황사는 마음이 깊어지던 시기, 해인사나 화엄사는 서로에 대한 신뢰로 바위처럼 단단한 시간 같죠. 그 사랑이 조금씩 식어 가는 때가 통도사라면, 기림사는 이제 그 '식어 가는 바위'를 보내고 혼자 앉아 있는 때인 듯합니다."

절집을 대상으로 한 후배의 멋진 비유에 나는 짧은 답 글을 한 줄 달았다. "운주사는 그 모든 것이 부질없음을……"

운주사는 그렇게 허무하고, 스산하며, 기괴한 인상을 여행자에게 던져 준다. 그러나 반대로 생명감이 있으며, 풍요롭고, 신비한 느낌을 받았다는 여행자도 있다. 어느 쪽이든 운주사는 천 년 전에 조각된 돌부처의 음각처럼 여행자의 인상에 강인한 기억을 새기고 있음은 틀림없다.

그것은 바로 운주사가 석불석탑의 사찰이기 때문이다. 즉 돌로 만든 불상과 돌로 만든 탑이 사찰을 채우고 있다. 처음에는 각각 1천 구씩이 있었다고 하는데 지금은 석불 80구와 석탑 17기가 남아 있다. 그런데 만일 이들 돌의 기형들

이 아주 단정한 모습으로 규격의 장소에 모셔져 있었다면 운주사는 오늘날의 그 비범함을 가질 수 없었으리라.

구름이 쉬어 가는 사찰이라는 이름답게, 구름처럼 무정형한 모양을 한 다양한 불상들이 산과 들에 흩어져 있다. 어느 것은 사람의 발만하고 또 어느 것은 10미터의 거구다. 크기도 다르고 얼굴 모양도 제각각이다. 대체로 밋밋하고 토속적인 얼굴 모양, 둥글기도 하고 길쭉하기도 한 몸체, 무언가 투박하면서도 정감이 가는 불상들은 원래부터 그곳에 살고 있었던 우리의 할머니, 할아버지, 어머니, 아버지를 닮았다.

와불 곁에 누우면 구름 사이로 엄마가 보일까

일반적으로, 돌의 형상은 언제나 특별한 감정을 안겨 준다. 인도 아우랑 가바드의 아잔탄 유적지, 앙코르와트, 태국의 아유타야, 경주의 남산까지 목 잘리고, 뭉그러지고, 이끼에 온 몸을 침범당한 불상들을 만났을 때 나는 언제나 그들 앞에서 오래도록 머물러야 했다. 돌의 조각이 내뿜는 기이한 분위기에 압도당해 발을 쉽게 뗄 수가 없었다. 무감했던 하나의 돌이 어느 시대 무명의 석공의 손을 만나 새로운 생명체로 태어났음을 확인하는 과정은 경이로웠다.

고려 시대인 11세기 이전 창건된 후 정유재란 직후 폐사됐다가 1930년대 중창된 운주사는 천천히 산책을 하면서 마치 조각공원을 구경하는 마음으로 둘러보면 좋다. 운주사 입구에 놓인 높이 10.7m의 구층석탑, 두 구의 불상이 등을 맞

대고 있는 석조불감, 호떡이나 도넛을 닮은 원형다층석탑, 원반 지름의 크기와 배치 각도가 북두칠성의 밝기나 방위각과 흡사하다하여 유명한 '칠성바위' 등은 특히 유명한 운주사의 스타들이다. 사찰 뒤의 공사바위에 올라가면 운주사가 한눈에 다 보인다.

  그러나 운주사의 명물은 역시 와불이다. 대웅전 서쪽 산비탈에 10미터가 넘는 와불이 누워 있다. 도선이 하룻밤에 천불천탑을 세운 후 마지막 하이라이트로 와불을 일으켜 세우려고 했는데, 공사에 싫증 난 동자승이 닭이 울었다고 거짓말을 하여 불상을 세우지 못하였다는 전설을 가지고 있다. 전설 역시 운주사의 둥글데데한 작은 돌부처를 닮아 귀엽고 순박하다.

  사람들은 돌부처가 일어나는 날 새로운 세상이 온다고 믿었다. 고단한 민중의 삶 속에서 그들이 꿈꾸는 미륵의 세상은 그나마 유일한 오아시스였겠다. 와불이 일어서는 날 미륵세상이 열린다는 전설, 그리고 운주사의 수많은 돌부처는 예술인에게도 영감의 오아시스였다. 황석영의 장길산에서 운주사는 '민중이 꿈꾸는 마지막 유토피아'였고 송기숙도 비슷한 공간으로 운주사를 그렸다.

  그리고 정채봉은 운주사 와불에서 엄마를 떠올렸다. 꽃이 피었다 지고 바람도 산들하게 부는 어느 맑은 봄날에, 돌부처들끼리 소근대며 만드는 운주사의 다정한 소음을 뒤로하고 시인은 와불을 만난다. 그리고는 신발을 벗고, 엄마에게 기어가는 아기처럼 살금살금 와불에게 다가가 그 팔을 베고 누워 하늘을 본다. 파란 하늘에 구름이 흘러가고 있었을까, 구름 사이로 엄마가 보였을까, 엄마라고 외쳤을 때 엄마는 내려와 와불이 되었을까, 그리고 세상에 지친 시인을 포근하게 안아 줬을까,

  아, 엄마……

운주사 정보
운주사 www.unjusa.org

관람료 | 어른 2,500원 / 청소년 1,500원 / 어린이 1,000원　**전화** | 061-374-0660

찾아가는 길
기차 | 서울 → 광주 14회 운행(4시간 20분 소요)
고속버스 | 서울 → 광주 5~10분 간격 운행(4시간 소요)
군내버스 | 광주 광천터미널 앞에서 318번, 218번 운주사행 버스 운행(1시간 간격)
승용차 | 광주(12km) → 화순(10km) → 능주(5.1km) → 평리사거리(2.4km) → 클럽900(2.8km) → 도장리(8km) → 도암삼거리(3km) → 운주사(50분 소요)

주변 맛집
남도 맛집(061-371-8899, 011-607-8989) 운주사 와불도 벌떡 일어날 얼큰한 생돼지 애호박찌개. 전남 화순군 도곡면 쌍옥리 424번지. 900컨트리클럽 가는 길
달맞이 흑두부 사랑(06-375-8465) 운주 주민들이 즐겨 찾는 주민 식당. 도곡면 원화리 573-41

문학의 땅에서 마주하는 고해성사

| 장흥 |

눈길

| 이청준

오랜만에 고향집에 내려와 내일 아침에 바로 떠날 생각을 하는 나를 지배하는 것은 어머니에 대한 부채의식이다. 나는 스스로 어머니에게 진 빚도 없고, 그러기에 갚을 빚도 없다고 생각한다. 마을 개간 사업으로 마을에서 몇 채 남지 않은 어머니의 집 지붕을 개간하고자 하는 어머니의 소망을 애써 무시하는 매몰참도 바로 자신이 단정한 부채 없음에 대한 실천이다. 그러나 눈길에 대한 아내와 어머니의 대화를 엿듣게 되면서, 나는 자기 안에 숨기려 그렇게 노력했던 원죄와 만나게 된다.

먹고살기 위해 원래 살던 큰 집을 팔아 버리고, 행여라도 타지에서 공부하는 아들놈이 그 사실에 실망할까 봐 어머니가 보인 모성. 자식이 돌아온다는 말을 듣고 어머니는 이미 팔린 집에서 나를 기다리시고, 자식이 어색해 할까 봐 옷장만은 방에 그대로 둔 채 언제나처럼 나를 맞아 주시고 하룻밤을 따뜻하게 재워 주신다.

그리고 다음날 새벽, 흰 눈으로 덮인 길을 어머니는 아들을 바래다 주기 위해 큰길까지 동행하신다. 버스에 태워 주고 돌아오는 길, 그 허한 길을 어머니는 아들이 남긴 눈 발자국에 자신의 발자국을 채움으로써 달래신다. 내 자석아, 내 자석아, 부디 몸이나 성히 지내거라. 부디부디 너라도 좋은 운 타서 복 받고 살거라…라고 눈물로 읊조리시며.

/ 문학 속의 자기고백이 얼마나 아름다울 수 있는가

　화순의 운주사에 들렀다가 바로 돌아가는 것도 좋지만 시간의 여유가 있다면 장흥을 함께 여행해 보자. 운주에서 장흥은 자동차로 불과 1시간의 거리여서 자칫 사찰여행이 주는 밋밋함을 장흥이라는 아름다운 바닷가 도시가 충분히 만회해 줄 수 있기 때문이다. 게다가 그곳은 운주사와 같은 테마를 이어가며 엄마를 주제로 한 여행지로 아주 적합한 곳이다.
　장흥 여행의 준비물은 이청준의 단편소설 〈눈길〉이다. 한승원의 〈안개바다〉까지 읽어 주면 더 좋다. 분량이 짧으니 기차 안이나 차 안에서 읽기에 무리가 없을 듯하다. 문학은 작가와 독자가 함께 완성품을 만든다. 작가에 의해 쓰인 글은 그것을 받아들이는 사람이 어떤 해석을 하느냐에 따라 온전하게 읽는 이의 문학으로 완성된다. 때때로 책 뒤쪽의 전문 평론가에 의해 쓰인 글을 통해 놓치고 있던 것을 찾아내기도 하지만, 그 찾아냄이 많으면 많을수록 그것은 읽는 독자와 궁합이 제대로 맞는 문학이었다고는 볼 수 없다. 진정 독자에 의해 완성되는 문학이란 책을 읽으면서 작가와 동화되고 소설 속에 흡수되는 것이어야 한다.
　눈 밝은 독자라면 〈눈길〉에서 원죄의식을 읽어낼 것이다. 1977년에 쓰인 이청

준의 〈눈길〉. 그리고 〈눈길〉의 밑 작품인 〈새가 운들〉은 작가가 고백하는 원죄의식이다. 문학이 자기 고백 속에서 아름다울 수 있다는 전형을 〈눈길〉은 제대로 보여 주고 있다. 활자화된 고해성사는 얼마나 어려운 일인가. 그러나 그렇게 한 고해성사가 또 얼마나 많은 이들을 공감시키며, 독자의 부끄러움을 구원시키는가.

눈길은 나(작가)와 어머니에 관한 이야기다. 어머니는 작가에게 있어 감추고 싶은 작가 자신의 원죄였다. 작가는 그 원죄의식과 부끄러움에 대해 이렇게 말을 한다. '그저 소박한 자기 원망이나 체념이 아니라 밝은 빛을 두려워하고 그 빛 앞에 나서기를 부끄러워하는 것이다.'

/ 장흥, 원죄를 마주하러 떠난 여행

글이 잘 써지는 기운을 받은 땅이 있다면 그곳은 장흥이리라. 구상, 이청준, 한승원, 송기숙, 안병욱, 김병익, 박범신, 차범석 등이 모두 장흥 출신이다. 이렇듯 뛰어난 소설가와 시인을 키워낸 기운은 어디서 발현되는 것일까? 아비산 천관산(723미터)과 어미바다 득량바다가 그 기운의 원천이리라.

천관산은 장흥 사람들에게 그저 돌덩이, 흙덩이 산이 아니라 신으로 숭상된

다. 그러기에 신화도 산다. 한때는 그 특출한 정기가 고승들을 불러 모아 이 산 어귀에 99개의 암자가 있었다고 하며, 황금의 약수터가 있는 등 전설과 설화가 이 산에 그득하다. 소설가 한승원은 천관산에 대해 '우주의 꿋꿋한 발기를 확실하게 표현한 산'이라 했고, 솟아난 기암괴석을 보고는 '우주의 율동'이라고 표현했다. 아닌 게 아니라 천관산 꼭대기에 불쑥불쑥 융기한 돌들의 자태가 예사롭지 않다.

가장 먼저 들를 곳은 천관산 문학공원이다. 천관산을 안고 조성된 문학공원이어서 산의 정기도 받을 수 있고 장흥 문학과의 첫인사도 가능하다. 천관산 문학공원에서는 소설가 이청준 선생이 자필로 쓴 천관산에 대한 소회를 만날 수도 있다.

"내 어릴 적 1950년 무렵까지만 해도 이 천관산(대개 '큰 산'이라 불렀다) 숲 골짜기들은 허기진 나무꾼을 위해 곳곳에 밤이나 감, 모과 같은 산과일들을 품어 익히고, 남쪽 바다는 갈매기와 고깃배 채취선들의 오감이 그림처럼 아름다웠다. 그러나 지금은 갖가지 난개발과 매립사업으로 산은 많이 헐벗고 바다는 물길이 막혀 나날이 오염이 더하고 있다. 큰 산은 우리 삶의 영원한 아버지요 남쪽 바다는 어머니의 넉넉한 품이라, 우리가 이 산의 푸르름, 바다의 깨끗함과 함께 함은 곧 우리 삶이 헐벗고 남루해지지 않는 길이다."

장흥의 수호신으로 함께 하면서도 전쟁과 개발의 역사는 천관산을 끊임없이 파괴했고 계속되는 산불은 노송 우거진 이 산을 결국 민둥산으로 만들었다. 대덕읍 사람들은 이 영산에 새로운 생명을 불어 주기 시작했다. 구룡봉 밑의 탑산사 어구에 돌탑 천 개를 쌓고 문학비 백여 개를 세운 것이다. 2000년 11월부터 시작된 이 거룩한 행사 이후 끊이지 않던 산불이 거짓말처럼 사라졌다고 한다.

3킬로미터에 이르는 아름다운 산길 양쪽의 4백여 개에 달하는 돌탑과 저 아래 면면히 펼쳐진 아름다운 득량바다와 기묘한 자태의 산 풍광을 바라보며 올라간 끝 지점에 높이 15미터의 7층 석탑, 문탑文塔이 보인다. 문인들의 육필원고와 연보를 캡슐에 담아 보관하고 있는 곳이다. 천관산이 품고 있던 자연석들은 문학을 위해 몸을 내 주었다. 구상, 문병란, 허형만, 김해성 등 54명의 시인, 소설가, 수필, 평론, 극작가 등의 메시지와 작품들이 자연석에 음각되어 있다.

앉은 자리 / 꽃 자리니라 / 네가 시방 / 가시방석처럼 여기는 / 너의 앉은 그 자리가 / 바로 꽃자리니라(구상의 〈꽃자리〉)

제암산을 보면 장흥 땅 전체가 / 그 산으로 집중된 느낌이 든다 과장하면 / 전라도와 한반도가 그곳으로 모아져 / 탱탱히 부풀어 오른 산 (이태흠의 〈제암산을 본다〉)

이 관내 모든 학교의 교가 속에 / 이 장엄한 산이 우뚝 솟아 있듯이/ 내 육체와 영혼 속에/ 이 산이 들어와 우뚝 솟아 있다(한승원의 〈천관산〉)

이런 작품들을 천천히 둘러보는 산속 문학공원에서의 시간은 더없이 즐겁다.

시간이 지나 이 돌들이 먼지처럼 부서질 때까지도 문학은 살아살아 자연 속에서 호흡하리니, 이 공원은 문학의 기운을 받은 땅 장흥과 그 아비 천관산에 실로 어울리는 후손들의 업적임이 분명하다. 문학공원 아래에는 천관문학관이 있다.

이청준과 한승원을 생각하며 장흥 길을 걷다

이제 갈 곳은 회진 포구다. 장흥의 드넓은 평야를 지나고 관산읍을 가기 위해 넘게 되는 솔치재에서 천관산을 인상적으로 바라보다 이윽고 그 천관산이 앞으로 거꾸러 졌을 때 이마 부분이 닿는 곳에 왔다면 거기가 바로 회진 포구다. 작은 통통배들이 한가롭게 떠 있는 평화로운 어촌. 이 회진 포구를 등지고 좌측에 이청준의 생가가 있다.

그러나 만일 이 평화로운 포구에서 한승원 작품 속의 어린 식이 울력을 떠나는 장면을 떠올렸다면 신상리를 먼저 가자. 바로 한승원의 생가가 그곳에 있다.

전쟁은 의술의 부흥을 일으키는 기회만은 아니다. 사람의 인성人性을 수성獸性으로 전복시키는 전쟁의 추악함 끝에는 위로처럼 문학의 꽃이 피어난다. 해방 이후 좌우의 대립과 한국전쟁의 거대한 노도의 끝에서 한국의 현대문학은 개화했다. 그 문학 속에서 일그러진 한 인간의 성장들이 담담하게 담겨 있기도 했고 투박한 사람들의 소심하고 때로는 거친 내면의 원형이 문학의 힘으로 구체화되기도 했다.

한승원도 전쟁을 소재로 한 주옥 같은 작품을 많이 남겼다. 특히 대부분의 작품은 한승원 스스로 말한 대로 "바다 속에 내가 살고 내 속에 바다가 산다"의 그 바다를 배경으로 하여 그려지고 있다. 그 바다가 바로 장흥의 문학인들에게 어머니로 섬김 받는 득량바다다.

　〈석유등잔불〉, 〈안개 바다〉, 〈꽃과 어둠〉 등의 단편 연작 소설은 모두 '식'이라는 어린 소년을 주인공으로 하는 성장소설이다. 낮에는 태극기를, 밤에는 인공기를 바꿔 달아야 했던 우리의 암울한 시대의 모습이 식의 눈을 통해 그려진다. 한승원의 〈까치노을〉과 같은 작품은 이청준의 〈눈길〉과 많이 닮아 있다. 까치노을에서는 자살한 자식(영수)이 사랑을 찾아 걸었던 길을 그리움 절절히 흘리며 따라 걷는 노모의 이야기가 나온다. 똑같은 장흥을 무대로 이청준은 원죄라는 이름의 눈을 뿌렸고 한승원은 한恨이라는 이름의 길을 만든 것이다.

　한승원의 생가는 마을의 제일 꼭대기에 있다. 집 뒤로 대밭과 산을 두고 있는 집. 그러나 한승원 선생은 안양면의 율산마을에 '해산토굴'이라는 집필실에서 작업을 하고 있다. 여닫이 해변 앞에는 600미터의 한승원 문학 산책로가 조성돼 있어서 바다를 구경하며, 그의 글이 새겨진 비석을 구경하며 산책하는 시간이 지루하지 않다.

　5번 꾸불꾸불한 해안도로를 따라 찾아간 이청준의 마을 진목리는 아주 작은

어촌이다. 찾아가는 길에 눈이 온다면 이 여행이 더 실감 날 것이다. 갯나들 마을에는 이청준 선생 타계 후 이청준 문학자리를 조성해 놨다. 드넓은 득량만을 바라보며 놓인 커다란 돌판 위에는 이청준 선생이 직접 그린 문학지도를 볼 수 있다. 진목마을 입구에는 널찍한 공터가 있고 마을 창고가 있다. 그 창고 앞에 어설픈 기념푯말이 하나 붙어 있다. 커다란 나무 아래서 바다 쪽을 바라보며 담배를 피우고 있는 노인에게 이청준 생가를 물으니 "바로 쩌그여"라고 가리키는 곳, 터 바로 아래 버섯처럼 둥근 이청준의 옛집 지붕이 눈에 잡힌다.

소설 속에서는 장지문 밖 마당가에 작은 치자나무 한 그루가 한낮의 땡볕을 견디고 서 있다고 했는데, 이웃집의 단감나무가 더 선명하게 이 옛집을 지키고 있다. 이제는 사람이 살고 있지 않는, 문학 속에만 존재하는 집. 문학을 먼저 만나지 않았다면 아무것도 특별할 것 없는 그저 평범한 시골집. 그러나 눈길로 인해 우리는 방안에서 장죽 끝에 풍년초를 꾹꾹 눌러 담고 있는 어머니의 환영을 만나고 유령처럼 어머니 옆을 지키는 내 마음 속 원죄를 살려낸다.

매년 명절이면 사람들은 고향을 간다. 이청준 선생이 말한 대로 고향은 "생활 속에 늘 위로를 받으며 젖줄처럼 의식의 끈을 대고 있는 우리들 정신의 요람"이다. 그러나 불우하고 가난했던 어린 시절 속에서 그 요람은 잊고 싶은 기억이며 떠올리기 싫은 장면이기도 하다. 그래서 사람들에게 고향은 그리움이면서 동시에 회피하고 싶은 대상이다. 그러나 외면할 수 있으나 피할 수 없는 것이 바로 원죄다.

누구나 원죄와 조우해야만 한다. 마음 속 치유는 자기의 상처를 정확히 응시하는 그 순간부터 시작된다. 장흥으로 떠나는 여행 길, 비록 아프지만 그를 꺼내서 마주앉아 보는 것은 어떠할까. 어차피 언젠가 해야 할 의식이라면.

장흥 정보

찾아가는 길
운주사에서 자동차로 갈 때 | 석정교차로에서 29번 국도를 타고 신리 삼거리를 거쳐 장흥대로로 진입 후 장흥교 사거리에서 좌회전
서울에서 대중교통으로 갈 때 | 고속버스터미널에서 장흥까지 총 5시간 소요(요금 19,700원)

천관산 문학 공원 가는 길
장흥읍내에서 천관산으로 가는 23번 국도를 타고 약 20분쯤 대덕 방면으로 가면 천관산 문학공원이라는 이정표가 나온다. 그 이정표를 따라가면 연지마을이 나오고 천관산으로 향하는 등산로 길이 보인다. 그 길 끝이 탑산사와 천관산 문학공원이며 그 입구에 주차장이 있다.

주변 맛집
신녹원관(061-863-6622) 2만 원이 부담스럽지 않다면 장흥에서 가장 잘 나가는 한정식집에서 한상 잘 차려진 홍어, 육사시미, 전복회 등등의 호사를…. 전남 장흥군 장흥읍 건산리 710-16, 전남 장흥 군청 바로 앞에 있다.
삭금 횟집(061-867-5461) 제철 생선에 열무김치와 된장으로 버무린 장흥만의 된장 물회. 전남 장흥군 회진면 삭금리, 5번 지방도로 삭금항 앞에 있다.

6장 주름을 사랑하리라

나 자신을 위해 하루를 쓰고 싶을 때 수종사와 다산 유적지

갈대밭에서 순응하는 삶을 배우다 순천

곡선의 여행 부석사

맛 따라 길 따라 강원도 여행

세월을 따라 느릿느릿 우이령 길

나 자신을 위해 하루를 쓰고 싶을 때

| 수종사와 다산 유적지 |

나

| 김광규

살펴보면 나는
나의 아버지의 아들이고
나의 아들의 아버지고
나의 형의 동생이고
나의 동생의 형이고
나의 아내의 남편이고
나의 누이의 오빠고
나의 아저씨의 조카고
나의 조카의 아저씨고
나의 선생의 제자이고
나의 제자의 선생이고
나의 나라의 납세자고
나의 마을의 예비군이고
나의 친구의 적이고
나의 나의 적이고
나의 의사의 환자고
나의 단골집의 손님이고
나의 개의 주인이고
나의 집의 가장이다
그렇다면 나는
아들이고
아버지고
동생이고
형이고
오빠고
조카고
아저씨고
제자고
선생이고
친구고
적이고
환자고
손님이고
주인이고
가장이지
오직 하나뿐인
나는 아니다
과연
아무도 모르고 있는
나는
무엇인가
그리고 지금
여기 있는
나는
누구인가

/ 어느 날 진짜 나의 모습이 궁금해진다면

　시인 김춘수는 하나의 꽃에 이름을 부여함으로써 그 꽃은 의미를 갖는다고 했는데, 그렇게 가치 있는 이름을 사람은 참 많이도 가지고 있다. 나는 하나인데 아버지로 불리고 누군가의 아들이기도 하며 예비군 아저씨였다가 병원에서는 환자님으로 불리기도 한다. 아버지였을 때의 나와 아들이었을 때의 나와 예비군이었을 때의 나와 환자일 때의 나는 서로 다른 말투를 쓰고 다른 자세를 갖는다. 어젯밤 술에 취해서 흥청거릴 때와 다음 날 아침 단정하게 양복을 갈아입고 멋진 신사된 나는 전혀 공통점이 없다. 중학교 친구 모임에서의 나와 교회 모임에서의 나는 또 다른 두 사람이다. 시간과 장소와 대상에 따라 나는 나이되 내가 아니고 내가 아니되 나는 나다.
　이렇게 우리는 중복의 모습으로 살아간다. 그러다 어느 날 스스로 궁금해진다. 도대체 나는 누구냐, 진짜의 나는 어떤 모습이냐, 어느 것이 가면이고 어느 것이 내 실제 얼굴이냐를 고민한다. 남들의 눈에 비친 나의 상象이 아니라 본래 나의 모습은 무엇인지를 찾으려 한다. 사춘기 때는 실존의 고민을 한다면, 사추기 때는 자아 찾기의 고민을 하는 것이다. 시인은 지금 사추기의 이야기를 하는 듯하다.

그런데 나는 이 시를 읽으며 말미의 여덟 행보다는 그 앞의 반복 나열되는 호칭의 행들에 더 흥미를 느낀다. 마치 이상의 오감도를 읽어 내리듯 계급장 호칭들이 책 속으로 튀어나와 내 눈 앞으로 확하고 다가오는 입체감도 느껴 본다. 그러나 무엇보다 더 강렬하게 마음에 닿는 지점은, 나는 누구인가에 대한 의문보다 나는 결국 경經한 존재가 아니라는 확인이다.

자신의 실체가 무엇인지를 궁금해 하는 만큼, 사람들은 자신이 혹시 잉여의 인간이 아닌지를 회의한다. 자신이 태어난 것이 이 우주와 지구와 이웃과 주변에 어떤 유익함인지를 생각하고 대개는 서둘러 그 생각 자체를 머릿속에서 지워 버린다. 생각하면 답은 안 나오고 갑갑하며 우울해지기 때문이다.

그러나 갑갑할 것도 우울할 것도 없다. 인류 역사에 거대한 업적을 남긴 위인이 아니더라도 우리는 생명과도 바꿀 수 없는 누군가의 아들이고, 생각만으로도 든든함을 느끼는 누군가의 아버지이며, 함께 늙어가는 기쁨을 주는 누군가의 동생이고, 언제나 마음의 기둥인 누군가의 형과 오빠이기 때문이다. 또한, 나이 들어가는 것조차 흐뭇한 누군가의 조카, 용돈을 잘 주는 삼촌, 눈빛이 깊었던 제자, 삶의 멘토였던 선생, 보기만 해도 좋았던 친구이기도 하다.

이 정도면 충분하지 않은가? 우리가 세상에 태어난 이유와 우리가 지금 열심히 살아가야 할 이유로서 말이다. 내가 생각보다 훨씬 중요한 사람이라는 생각은 건강한 자기 자긍심의 회복이다. 게다가 그것은 최면이 아니라 실제이다. 실제를 실제로 보는 것, 의외로 이 단순함을 실천하는 사람이 많지 않다. 필요 이상으로 자기를 학대하고 필요 이상으로 자기 패배감을 가지며 필요 이상으로 자기를 축소시킨다. 있는 그대로 당신을 바라보고 스스로를 어여삐 여기라. 당신은 그럴 자격이 충분히 있다.

/ 온전히 자신만을 위해 떠난다, 수종사와 다산 유적지

자신을 위해서 이 정도는 할 수 있다며, 아주 값비싼 레스토랑에서 음식을 먹거나 고가의 쇼핑을 내지를 때처럼 여행도 그런 기분으로 떠나고 싶을 때가 있다. 그러나 음식이나 쇼핑이야 잠깐의 시간을 투자하면 그만이지만 여행은 그것이 아니니까 늘 꿈만 꾸고 계획만 세운다. 이럴 때 딱 하루의 교외 나들이 코스를 알고 있다면 하루의 월차는 온전히 자신을 위한 충만한 시간으로 쓰여질 수 있을 것이다. 경기도 남양주시 조안면 능내리는 접근성도 좋고 볼거리도 충실하고 먹을거리도 넘쳐나서 가장 대표적인 하루 여행지로 강력하게 추천할 수 있는 곳이다.

구름 위에 지은 작은 사찰, 수종사

초의草衣가 거대한 치맛자락을 하늘에 펼쳐 걸어놓은 것 같더라는 운길산 초입에 수종사가 있다. '구름이 가다가, 산에 걸려 멈춘다'고 해서 운길산雲吉山(610미터)이다. 수종사水鍾寺는 '물 종'의 뜻이다. 쇠 종은 들어 봤어도 물 종은 쉽게 상상되지 않는다. 이름의 유래는 이러하다.

　1458년 조선 세조 임금이 금강산을 다녀오다가 두물머리(양수리)에서 하루 묵었는데 잠결에 맑은 종소리가 들리더란다. 소리를 찾아 산에 올라가 보니 바위굴 속에 16 나한이 있고 굴속에서 '또옥 또옥' 물 떨어지는 소리가 암벽에 부딪치면서 맑은 종소리가 나더라는 것이다. 세조는 왕명을 내려 이듬해 절을 중창했으니 그것이 수종사의 유래다.

　물 종이 가능할 정도라면 주변 소음은 전혀 없어야 하고, 산세는 깊고 물은 더없이 깨끗해야 한다는 것인데, 수종사는 비록 서울에서 전철을 타면 한 시간이 안 걸리는 절이라고 해도 구름이 걸릴 정도의 높은 산 한 자락에 위치해 있어 마시는 공기, 보이는 풍경 자체가 속계와 확실히 구별된다.

　등산로 입구에서 수종사까지는 2킬로미터 남짓이지만 경사가 급한 시멘트 길이고 깔딱 고개를 오르듯 힘이 든다. 하이힐을 신은 여자라면 고생 좀 한다.

　그러나 힘들게 오른 수종사는 그만큼의 가치가 충분히 있다. 동자승 한 명이 구름 위에 소꿉장난을 한 것처럼 경내가 아주 아기자기하고 예쁘다. 대웅전, 약사전, 산신각, 범종 등이 옹기종기 모여 있다. 팔각 오층 석탑에서는 국보급 보물이 여러 개 출토되었다. 특히 경내에서 내려다보는 경치는 압권이다. 남한강과 북한강이 한강으로 합쳐지는 두물머리가 한눈에 보인다. 수종사 입구의 세조가 심었다는 오백 살 먹은 은행나무도 수종사의 보물이다. 높이 35미터, 둘레 2미터의 이 나무는 오백 년 동안 침묵 수행 중인 선승이다. 무료찻집 삼정헌 三鼎軒에서는 뛰어난 경치를 보며 차 한 잔을 얻어 마실 수 있다. 삼정헌은 시詩, 선禪, 차茶가 하나 되는 곳이라는 뜻이다. 아마도 추사와 초의 역시 다산과 함께 바로 그 장소에서 차를 많이도 마셨을 것이다. 수종사는 다산에게 안마당과 같은 곳이었고 그의 벗들도 다산을 보기 위해 수종사를 자주 찾았다.

시대의 천재를 만날 수 있는 곳, 다산 유적지

다산 유적지가 있는 마재마을은 수종사에서 약 4.7킬로미터 떨어져 있다. 둘 다 조안면이다. 조안鳥安, 새소리가 편안하게 들리는 동네라니 이름만으로도 평화롭고 차분하며 느린 시간이 흘러가는 기분이 들어 버린다.

다산 유적지는 시대를 앞서 간 다산 선생의 선구자적 업적과 자취가 현대적 시각으로 재해석되어 전시된 곳이다. 일반적인 박물관에서는 위인의 박제와 유물, 그리고 유적들을 두터운 유리벽 안에 전시해 놓는데, 이곳은 그저 넓고 풍요로운 공원이다. 총면적 23,222제곱미터의 넓은 부지에 다양한 시설이 비좁지 않고 넉넉하게 자리 잡고 있고 주변 풍광이 아주 좋다. 그래서 이곳에 들렀을 때는 일반적인 박물관 앞에서 느끼는 지식에의 강박이나 조급함 같은 것이 생기지 않는다.

그렇다고 해서 박물관의 기능을 제대로 못하냐 하면 그것도 아니다. 다산 유적지라는 이름에 걸맞게 다산 선생 생전에 발명한 58종, 304점의 전시물품이 전시되어 있으며, 전시장 내부에 동영상 디스플레이, PC 등의 디지털 기기를 설치해 놓아 어린아이들이 정약용

선생에 대하여 더욱 쉽게 다가갈 수 있도록 현장교육의 기능을 강화하였다.

다산 선생의 생가인 여유당, 다산 선생의 발명품과 저서들이 전시되어 있는 다산기념관, 다산 유적지에서 가장 넓은 공간을 차지하고 있는 다산문화관, 전망 좋은 언덕에 있는 다산의 묘소 등을 천천히 둘러 보자. 또한 조금 유치할 수도 있지만 전통혼례 사진에 얼굴을 넣고 사진을 찍을 수 있는 공간도 있고, 거중기의 실제 모양도 볼 수 있다. 무엇보다도 알찬 것은 다산 선생의 저서에 수록되어 있는 내용을 새겨 넣은 비석과 말뚝들이다. 하나하나 읽으며 의미를 곱씹어 보는 것도 충분히 즐겁다.

다산 유적지 바로 옆에는 2009년 10월에 개관한 실학박물관이 있는데 시설도 깨끗하고 최한기, 박지원, 박규수, 김육 등 실학파의 유물 1천 점이 잘 전시되어 있다.

다산 유적지 정보

다산 유적지(031-590-2481, 2837)
관람시간 | 09:00-18:00 관람료 | 무료
위치 | 경기도 남양주시 조안면 능내리 산 75-1 일원
찾아가는 길 | 국철 중앙선 덕소역, 도심역, 팔당역 하차 → 일반버스 2000-1, 2000-2, 8, 167번 환승 → 다산유적지 입구 하차 → 도보 약 30분 - 국철 중앙선 운길산역 하차 → 일반버스 56번 환승 → 실학박물관 하차

실학 박물관(031-579-6000, 6001)
관람시간 | 9:00-21:00 / 연중무휴 관람료 | 무료
위치 | 경기도 남양주시 조안면 능내리 27-1
찾아가는 길 | 기차(국철) : 운길산역은 중앙선 용산, 이촌, 옥수, 왕십리, 회기역 등에서 바꿔 탈 수 있다. 용산에서 운길산 역까지는 1시간 정도 소요
승용차 : 서울 청량리 → 망우리고개 → 도농 삼거리 → 덕소 방향 직진 → 팔당대교 → 팔당댐 → 운길산역
올림픽대로 → 미사리조정경기장 → 팔당대교 → 팔당댐 → 운길산역

주변 맛집
송촌식당(031-576-8411) 남양주의 원조 동치미 국숫집. 경기도 남양주시 조안면 송촌리 1060번지
기와집 순두부(031-576-9009) 근처의 토종콩과 강원도의 100%의 국산콩을 이용해 재래식 방법으로 부드럽고 고소한 두부를 만드는 집. 다산유적지에서 나와 300m쯤 가면 조안면 사무소가 나오고 그 건너편에 기와집 순두부집이 있다.

갈대밭에서 순응하는
삶을 배우다 |순천|

풀

| 김수영

풀이 눕는다
비를 몰아오는 동풍에 나부껴
풀은 눕고
드디어 울었다
날이 흐려서 더 울다가
다시 누웠다

풀이 눕는다
바람보다도 더 빨리 눕는다
바람보다도 더 빨리 울고
바람보다 먼저 일어난다

날이 흐리고 풀이 눕는다
발목까지
발밑까지 눕는다
바람보다 늦게 누워도
바람보다 먼저 일어나고
바람보다 늦게 울어도
바람보다 먼저 웃는다
날이 흐리고 풀뿌리가 눕는다

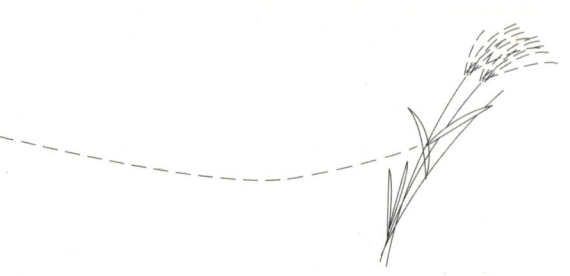

/ 풀처럼 힘을 주지 않고 산다는 것

　세상의 모든 인간은 나이를 먹는다. 그러면서 사람들은 밥의 숫자만큼 정신은 더 여물어지고 성숙하리라고 착각을 한다. 그러나 정말 착각이다. 육체와 정신은 한 몸으로 늙는다. 건강한 육체에서 건강한 생각이 나온다는 말은 맞는 말이다.

　몸이 늙으면 자존감이 약해진다. 자존감이 약해지면 귀가 닫히고 입이 열린다. 자기 자신이 살아 있음을 증명하기 위하여 많은 말을 한다. 혹 그 반응이 냉담하거나 무반응일 때 노여움을 느낀다. 자기 존재감이 약해지면서 나타나는 전형적인 증상이다.

　모 대학교 졸업식에서 대학원장이 했던 말도 이와 같다. 그리고 이 말은 '인생교훈'이라는 제목으로 트위터에서 인기를 끌었다. "갈까 말까 할 때는 가라. 살까 말까 할 때는 사지 마라. 말할까 말까 할 때는 말하지 마라. 줄까 말까 할 때는 줘라. 먹을까 말까 할 때는 먹지 마라". 이 짧은 아포리즘은 특히 중년 세대의 가슴에 콕하고 박힌다. 행동에의 결단력은 떨어지는데 우리는 많이 소비하고, 많이 먹고, 탐욕은 늘어나 남 주는 것을 아까워하며 특히나 말이 많아진다.

　시인은 풀을 통해 순응을 배운다. 그러고 보면, 정말 풀은 순응이다. 비와 바람이 거세게 불 때, 풀이 제 힘으로 그것에 맞선다면 풀은 꺾이거나 너덜해졌을 것이다. 그러나 풀은 비보다 먼저, 바람보다 먼저, 단지 그 낌새만으로 먼저 비와 함께 오는 바람의 방향으로, 바람의 방향이 내는 바람 소리 쪽으로 그렇게 먼저 누워 버린다.

풀이 스스로를 굽히는 그 행동이 단지 생존을 위한 비굴한 전략만은 아니다. 풀의 자존감은 그대로 풀의 뿌리 속에, 줄기 속에, 이파리 속에 있다. 아침이면 풀은 제힘에 지쳐 긴 잠에 빠진 비와 바람보다 먼저 일어나 꼿꼿이 자기의 생명력을 과시한다. 그 풀 위에 이슬이 앉고 생명이 내리고 우주가 아침의 이름으로 태어난다.

힘을 주지 않고 산다는 것, 그저 사삭거리는 소리만 있을 뿐 굳이 자신의 존재를 시위하지 않는 것, 그러면서도 종국에는 가장 오랫동안 존엄함과 품위를 지키며 살아간다는 것, 풀은 오늘을 사는 중장년에게 이 모든 교훈을 던져 준다.

/ 순응과 버림, 순천만과 선암사

풀, 그 중에서도 갈대를 보러 무진을 가자.

무진이 어디인가? 바로 순천이다. 60년대에 쓰인 글이라고 믿어지지 않는 경쾌하고 발랄한 소설 〈무진기행〉의 '무진'이 바로 순천이다. 순천은 어떤 모습일까? 무진기행에서 소개된 모습이다.

"물이 가득한 강물이 흐르고 잔디로 덮인 방죽이 시오리 밖의 바닷가까지 뻗어나가 있고 작은 숲이 있고 다리가 많고 골목이 많고 흙담

이 많고 높은 포플러가 에워싼 운동장을 가진 학교들이 있고 바닷가에서 주워 온 까만 자갈이 깔린 뜰을 가진 사무소들이 있고 대로 만든 와상臥床이 밤거리에 나앉아 있는…"

소설은 이어서 이 도시의 특산물을 이야기한다. 특산물은 바로 밤사이에 진주해온 적군들과 같은, 안개다.

"무진을 둘러싸고 있던 산들도 안개에 의하여 보이지 않는 먼 곳으로 유배당해 버리고 안개는 마치 이승에 한이 있어서 매일 밤 찾아오는 여귀가 뿜어 내놓은 입김과 같고… 안개, 무진의 안개. 무진의 아침에 사람들이 만나는 안개, 사람들로 하여금 해를, 바람을 간절히 부르게 하는 무진의 안개, 그것이 무진의 명산물이 아닐 수 있을까!"

안개와 갈대, 순응을 주제로 떠난 여행에서 이만큼 적절한 소품은 없다. 그 몽환적인 풍경은 순천만 대대포 갯벌에서 현실로 펼쳐진다.

안개와 갈대, 순천만

우리나라 최대의 갈대밭 군락지(15만 평)이자 갈대로 인해 철새와 새우, 게,

미꾸라지, 뱀장어들의 질 높은 터전이기도 한 순천만은 동쪽으로 여수반도, 서쪽으로 고흥반도가 포위하듯 둘러싸고 있다. 가을이면 은은한 보랏빛 갈색의 꽃이 피어나 늦가을과 겨울로 가면서 금빛으로 변하는데 아침이면 이슬을 먹은 이 꽃들이 일제히 보석처럼 반짝이기도 한다.

한국에서 가장 질이 높은 습지답게 흑두루미, 황새, 저어새, 검은머리물떼새 등 11종의 천연기념물을 비롯한 총 140여 종이 넘는 조류가 이곳에 서식한다. 죽은 땅이 아닌 살아 숨 쉬는 땅을 보는 것은 숨 가쁜 희열이다. 갈대밭 사이를 휘젓고 다니는 손가락만 한 갯벌 생명체들을 들여다보며 행여라도 관광객들에 의해 이 귀한 생태계가 오염되지 않기만을 기도할 뿐이다. 이 바다는 언젠가 육지가 될 것이다. 그 아쉬움 때문일까. 순천만의 자줏빛 칠면초와 하얀 갈꽃이 눈부시게 아름답다.

갈대밭으로 들어가는 대대동 마을은 갈대 속의 섬처럼 주위가 온통 갈대들이다. 선착장을 지나 육교를 건너면 갈대밭 사이로 방죽이 잘 만들어져 있는데, 갈대의 바다가 가운데로 쫙 갈라져 사람들에게 그 품에 안기라는 형상이다.

안개와 갈대의 조화를 보기 위해서는 이른 아침에 이곳을 와야 한다. 밤사이에 진주해 온 적군들은 어김없이 갈대밭을 포위하고 있다. 아침 햇볕의 신선한 밝음과 살갗에 탄력을 주는 정도의 공기의 저온, 그리고 해풍에 섞여 있는 소금기를 느끼며 잡힐 듯 잡히지 않는 안개를 헤치며 갈대밭을 떠다니는 경험은 특별하고 또 특별하다. 저녁에 왔다면 우리나라에서 가장 아름답다는 찬사를 받는 순천만 일몰을 볼 수 있다. 아침에는 갈대와 안개의 조합이라면, 저녁에는 갈대와 노을의 조화이다. 갈대숲 사이의 목교를 약 10분쯤 걸어가다 보면 목교가 끝나고 농로로 이용되는 둑이 나오는데 30분쯤 가벼운 걸음으로 올라가다 보면 용산전망대가 나온다. 그곳에서 황금빛 갈대밭과 갯강을 제대로 볼 수 있다.

버림의 미학, 선암사

순천에 와서 선암사를 놓치고 갈 수는 없다. 많은 사람에게 다시 한 번, 아니 두 번이고 세 번이고 가 보고 싶은 절로 기억되며, 소설가 조정래 선생이 태어난 곳으로 인해 문학기행에서도 빠지지 않고 등장하는 선암사는 가는 길부터 예사롭지 않다. 주차장에 차를 세우고 선암사로 걸어가는 길은 울창한 나무 터널과 흙길에서 오는 부드러움, 옆으로 흐르는 계곡물 등이 신발을 벗어 던지고 걷고 싶다는 충동을 강하게 불러 일으킨다.

그렇게 올라가다 보면 승선교가 나온다. 〈태백산맥〉에서 묘사된 대로, '물에 비치는 그림자까지 합치면 보름달 같은 원이 되던 두 개의 쌍둥이 다리'다. 벌교에도 승선교와 똑같은 다리가 있다. 바로 횡갯다리다. 벌교의 다리가 바로 선암사 승선교를 모델로 한 것이다. 반원형 무지개는 물론 다리의 용머리가 아래쪽을 향하여 있는 것도 똑같다. 틀림없이 그 용머리는 물에 비치면서 하늘로 향해 있을 것이다. 세심하면서도 여유로운 승선교의 미학이 돋보이는 부분이다. 그러나 거기서 끝나지 않는다. 계곡으로 껑충 내려가 다리 아래를 바라보면 강선루라 불리는 누각이 보인다. 무지개 속으로 보이는 누각, 마치 계획적인 구도를 한 듯한 배치가 절묘하다.

이어서 찻집이 하나 나온다. 선암사에서 송광사로 넘어가는 조계산 등산 코스는 이 찻집 바로 뒤에서 시작된다. 조계종 송광사와 태고종 선암사가 산 하나

를 사이에 두고 이웃해 있는 것이다. 결혼을 허가하지 않는 조계종 계율과 결혼이 가능한 태고종 계율, 처자를 가질 수 없는 선암사의 스님은 처자를 가진 송광사의 스님을 보면서 무슨 생각을 할까? 부러울까? 불순할까? 아니면 그런 미혹조차 마음에 없을까?

삼인당이라 불리는 달걀 모양의 인공 연못을 지나면 선암사 일주문이 나온다. 특이하게도 선암사에는 사천왕문이 없다. 무시무시한 눈으로 사찰을 지켜주는 사천왕의 역할은, 선암사에서는 조계산 주봉인 장군봉이 대신한다. 어쩌면 선암사 전체에서 풍기는 잘 조성된 고궁의 이미지는 입구에서부터 저렇듯 가볍게 방문객을 맞이하기 때문이다. 선암사가 가볍게 맞이했으니, 승선교 다리를 넘어 피안의 세계로 넘어온 속인들도 한없이 가벼워져야 한다. 아니 그건 당위가 아니라 욕구다. 이미 올라오는 길에 신발을 벗고픈 첫 번째 충동을 느꼈던 것처럼 일주문을 들어선 순간, 카메라며 가방 따위를 다 던져 버리고 싶은 욕구가 끓어오른다. 소설가 한승원은 선암사에서는 철 군화를 벗고 맨발로 부처를 영접해야 한다고 했다. 왕자로 세상에 태어나 뜨겁게 달궈진 모래밭 길을 걸어 다녔던 석가모니의 고행을 생각하면서 참회해야 한다고 했다. 그가 그래서가 아니라 실지로 버림이라는 단어가 선암사에서만치 머리를 휘몰아치게 하는 사찰을 일찍이 가 본 적이 없었던 것 같다.

 선암사의 풍미, 버리는 것의 마지막은 단연 해우소다. 뒤깐(정확하게 깐의 ㄲ중 하나는 ㅅ이다), 말 그대로 똥을 싸는 곳이다. 그리고 근심을 버리는 곳이다. 그 근심이 모여 선암산 뒷간은 똥 산이 돼 버렸다. 남이 앞서 싼 똥 위에 내 똥을 싼다. 만인에 의한 만인의 평등, 심지어 그 똥간을 기웃대는 파리조차 인간과 평등한 곳이 바로 선암사 해우소다(파리야 극락가자, 해우소 정면에 붙어 있는 말이다).

 그 근심의 산을 자연은 넉넉한 가슴으로 받아들이며 또 다른 생명들의 영양분으로 만들어 주신다. 인간이 만든 똥 산이 자연 속에서는 거룩한 거름으로 윤회하는, 이곳이 피안의 세계가 아니라면 어디가 피안이랴. 선암사를 둘러보고 나오는 길에서 우리는 한없이 가벼워진 자신을 발견한다. 만성변비 환자가 실로 오랜만에 시원한 쾌변을 보고 났을 때의 그런 날아갈 듯한 기분. 그래서 선암사는 자꾸만 가고 싶은 그런 절인 것이다.

순천 정보

순천만(061-749-4007) www.suncheonbay.go.kr
관람시간 | 09:00-22:00 / 매주 월요일·국경일 다음날 휴무
관람료 | 어른 2,000원 / 어린이 1,000원
찾아가는 길 | 고속버스 : 강남터미널과 동서울터미널에서 서울 ↔ 순천 수시 운행
기차 : 용산역 → 순천역 무궁화호가 매일 1시간 간격으로 운행
승용차 : 서울(한남동) → 서초 → 양재 → 수원~천안 → 청주 → 남이 → 회덕분기점 → 호남고속도로 → 순천 IC → 전라선 22번 국도 → 남교오거리 → 순천만

선암사(063-561-1422) www.seonunsa.org
관람료 | 어른 1,500원 / 어린이 500원
찾아가는 길 | 승주 IC에서 나가서 875번 지방도로를 따라 10여 분을 가면 선암사 입구가 나온다. 순천시내에서 간다면 2번 국도를 타고 벌교 방면으로 가다가 청암대 지나서 상사호, 선암사 표지를 따라 우회전한다. 20km 정도를 가게 되면 절 입구가 나온다.

주변 맛집
대대 선창집(061-741-3157) 장어구이와 짱뚱어탕으로 유명한 집. 대대포구 선착장 근처에 위치
고향 보리밥(061-754-3419) 행복한 돼지숯불갈비의 남도 밥상. 낙안읍성 바로 옆에 있다.

곡선의 여행 | 부석사 |

그 굽은 곡선

| 정현종

내 그지없이 사랑하느니
풀 뜯고 있는 소들
풀 뜯고 있는 말들의
그 굽은 곡선!

생명의 모습
그 곡선
평화의 노다지
그 곡선

왜 그렇게 못 견디게
좋을까
그 굽은 곡선!

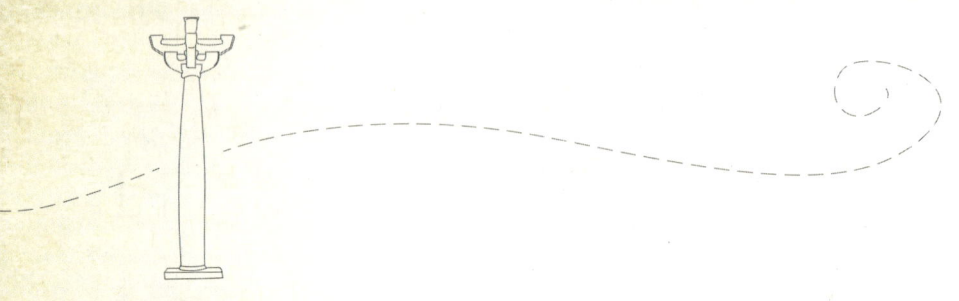

/ 직선의 호쾌함보다는 곡선의 원만함으로

글을 쓰는 입장에서, 30대에는 '날카로운 펜 끝'이라거나 '직론의 용기', '모골이 송연할 정도의 날 선 기개' 외 같은 수사가 참 매혹적이라고 생각했다. 나도 독자들에게 저런 평가를 받고 싶었고, 어쩌다 그 비슷한 말을 들으면 훌륭한 글쟁이로 인정받는 기분이 들어서 마음이 둥둥 떴었다.

그런데 마흔을 중간쯤 넘고 나서는 세상의 모든 직선이 불편해지기 시작했다. 어떤 이가 날리는 독 묻은 말투를 들으면, 그것이 나를 향한 것이 아닌데도 내 마음이 참 좋지 않았다. 신문이든 방송이든 인터넷이든 너무 날카롭게 사람을 겨냥하는 글과 뉴스는 저절로 눈길이 피해졌다. 그렇다고 그것이 '좋은 것이 좋은 것'이라거나, '이쪽도 좋고 저쪽도 좋다'는 식의 황희 정승식 양비론은 아닐 것이다. 여전히 싫은 것은 싫고, 나와 맞지 않는 것은 맞지 않는 것이며, 내가 옳다고 믿는 소신을 굽히고 싶은 마음은 없다. 다만, 나의 취향이 손대기만 해도 베일 것 같은 예민함을 '그냥' 싫어하게 되었을 뿐이다.

토론에서 내 의견으로 상대를 제압하는 즐거움보다는 상대가 나와 다른 말을 하는 상태에 더 귀가 열리고, 글을 쓰더라도 혹여 누군가 내 글로 마음의 상처를 받는 사람이 없는지를 습관적으로 검열하게 된다. 내가 이렇게 마음이 웅

크려지다 보니 거꾸로 누군가 나에게 던지는 공격에도 새가슴이 되어서, 이전에는 별로 대수롭지도 않았던 독자들의 댓글에 심장이 쿵쾅거리고 혼자 마음을 다쳐서 술잔을 기울이기도 한다.

그러면서 직선보다는 곡선이 좋아지기 시작했다. 사람도 사물도 말도 글도 그림도 음악도, 젊은 어머니의 젖가슴처럼 동그란, 돌아가신 어머니의 무덤처럼 둥그런, 그렇게 모성처럼 동그랗고 둥그런 것들이 좋아졌던 것이다.

/ 부석사 무량수전에서 곡선으로 살아가기를 배우다

부석사는 곡선을 테마로 한 여행에 딱 들어맞는 여행지다. 부석사가 있는 영주의 사과는 둥글고, 부석사가 자랑하는 무량수전의 배흘림기둥은 곡선이 보여줄 수 있는 미학적 극치를 제대로 표현한다. 부석사를 가기 위해 적합한 계절은 없다. 봄이면 사과꽃이, 가을이면 농익은 사과열매가 부석사 가는 길에 맞춤한 정취를 뿌려 준다지만, 여름이든 겨울이든 부석사는 그 계절에 맞는 고유의 옷을 갈아입는다.

기차를 타고 간다면 중앙선을 이용한다. 청량리를 출발해 덕소, 양평을 거쳐 원주, 제천, 단양, 풍기, 영주를 들러서 마지막으로 안동에서 종착하는 기차다. 덕소 - 양평 구간에서는 차창 밖으로 한강의 고즈넉한 풍경이 펼쳐지고, 단양에 도착해서는 도담삼봉을 슬쩍 눈동냥으로 볼 수 있다. 어찌 됐건 세 시간 정도의 기차 여행을 제대로 즐길 수 있는 노선이다.

당일치기 여행이라면 영주가 아닌 풍기로 표를 끊는다. 풍기역 바로 앞에서 부석사행 버스가 운행하므로 영주보다는 풍기가 부석사 이동에 용이하다. 부석사 가는 버스가 풍기 읍내를 조금 벗어나면 기억 속의 시골풍경들이 창밖으로 스쳐 간다. 야트막한 한옥 지붕들이 모여 있는 모습, 오랫동안 그 자리를 지켜온 듯한 낡은 상점들, 촌로들이 한가로이 햇볕을 쬐는 모습들이 도시인들에게는 생경하면서도 정겹다. 마을을 벗어나면 길 양편으로 노란 은행나무길이 펼쳐진다. 가을이라면 분홍과 선홍으로 익어가는 사과의 풍경을 지치도록 볼 수 있을 것이다.

버스가 도착하는 부석사 주차장에서 매표소까지 가는 길은 두 갈래이다. 정문으로 가는 길과 후문으로 가는 길. 후문은 마을을 끼고 돌아간다는 것 외에 특별한 것은 없다. 정문으로 가는 길은 잘 닦인 포장도로이며 사과의 고장답게 길옆으로 촌로들이 사과를 진열해 팔고 있다. 사과 맛을 보라고 하면서 몇 조각을 잘라 주는데, 먹기만 하고 사지 않으면 뒤통수가 후끈거리기도 하니 참고하자. 그곳이 시골이든 도시든 사람 많이 모이는 곳에 푸근한 인정이 설 자리는 없는 듯하다. 매표소에서 표를 끊으면서 본격적인 부석사 여행이 시작된다.

곡선의 완성, 부석사

봉황산 중턱에 있는 부석사는 676년(신라 문무왕 16년)에 의상대사가 왕명을 받들어 창건했다. 한국 화엄종의 근본 도량이며 고려와 조선시대를 거쳐 중창과 중수, 재건을 거듭하다 1916년에 무량수전을 해체 수리했다. 창건에 얽힌 의상과 선묘 아가씨의 애틋한 사랑의 설화로도 유명한 이 절에는 무량수전(국보 18호), 조사당(국보 19호), 소조여래좌상(국보 45호), 조사당벽화(국보 46호), 무량수전 앞 석등(국보 17호) 등의 국보와 3층 석탑 등의 문화재가 즐비하다.

은행나무와 옆의 사과밭을 양쪽으로 하여 걷는 부석사 매표소에서 천왕문까지의 1킬로미터 길은 여기까지 오느라 수고한 여행자의 이른 피로를 말끔하게 씻어 주는 힘이 있다. 부석사 경내를 짐작조차 하지 못하는 이 길에서 사람들은 느긋하게 걸으면서도 그 어떤 기대감에 가슴이 부풀어 오른다. 일주문을 지나 천왕문을 못 미처 만나게 되는 당간지주(절의 깃발을 게양하던 깃대)도, 그 모나지 않은 곡선미가 만만치 않지만 이곳에서 발길을 오래 머무는 사람은 그리 많지 않다.

천왕문을 넘으면 눈앞에 부석사의 가람들이 슬쩍 제 모습을 드러낸다. 천왕문에서 무량수전까지 이어지는 돌계단 길 역시 부석사에서는 곡선이다. 한 줄로 죽 긋는 수직의 기운이 아니라 마치 의도적으로 그렇게 만든 양 절묘하게 굽어진 곡선으로 길이 나 있다. 천왕문을 들어서면 시야를 가로막는 대석단이 버티고 있다. 높이 4.3미터, 폭 75미터에 이르는 이 돌 축대는 크기가 제각각인 자연석 돌로 채워져서 그 자체로 구경거리가 되며, 이 축대 안쪽은 속세와 단절된 곳의 의미도 갖는다. 무량수전까지 이런 식으로 3곳의 대석단과 사이사이 작은

축대로 경내를 아홉 단으로 나누는데 이는 극락에 이르는 구품 만다라의 세계를 형상화한 것이라고 보기도 한다.

부석사 동, 서 3층 석탑을 지나면 본격적으로 돌계단이 시작된다. 물론, 단숨에 무량수전으로 오르는 것은 부석사에서는 해서는 안 될 짓이다. 범종루로 올라서기 전의 공간은 잘 조성된 정원에 들어선 듯 아름답다. 그곳에서는 경쾌하게 하늘로 솟은 범종루의 팔작지붕과 그 뒤쪽 안양루의 처마선, 아스라하게 보이는 무량수전의 지붕이 깊은 공간감을 연출하며 보인다.

앞에서는 팔작지붕이었으나 뒤에서 보면 맞배지붕인 범종루 계단 앞에서 안양루를 바라보면 부석사의 곡선미를 다시 한 번 실감한다. 안양루가 정면이 아닌 비스듬한 각도에 서 있고 그 뒤로 부석사가 겹쳐 나타난다. 범종루를 오르면 25개의 계단이 나타나고 금당으로 오르는 문인 안양루를 오르게 된다. 이윽고 도달한 무량수전.

필요미의 극치라는 누군가의 표현대로, 무량수전은 불필요하게 치장되거나 호들갑스럽게 화려하지 않다. 반면에 곤궁하거나 부족함의 모습도 전혀 아니

다. 내면을 제대로 갖춘 사람은 명품 따위를 걸치지 않아도 그 자체로 위압감의 품위가 느껴지는 것처럼 무량수전도 그러하다. 소박하되 만만하지 않고, 간결하되 섣불리 덧댈 곳이 없다. 그 앞에 서면 마음이 훨훨 가벼워져서 껑충껑충 마당을 뛰어다니고 싶지만, 건물 안에서 웃는 부처님이 슬쩍 눈총을 주실까 봐 옷깃을 단정하게 여미는 그런 압도감도 있다. 남빛 지붕과 누른빛의 목재들, 그리고 선명한 노란빛의 벽과 부처님의 배처럼 포근한 공민왕 친필 현판의 글씨 등은 충분히 세련됐다. 그 유명한 배흘림기둥도 눈앞에 있다. 서양말로 '엔타시스 양식'이라고 하는, 통통한 배의 기둥이다. 가운데가 살집이 통통
하게 잡힌 배흘림기둥은 참으로 못 견디게 좋은 평화와 생명의 곡선이다. 공격성이라고는 전혀 없이, 방어의 민감함도 전혀 없이 천 년을 후덕하게 이 주심포 건물을 지탱해 왔다.

부석사에는 무량수전만 있는 것은 아니다

이제 무량수전을 등지고 풍경을 바라보자. 봉이 김선달이 늙어서야 보게 됨을 한탄하고 수많은 문필가가 찬사를 아끼지 않았던 그 풍경이다. 저 멀리 태백산맥의 산세부터 봉황산의 비탈, 그리고 부석사를 구성하는 절집들의 추녀가 낮게 서로 머리를 대고 있는 모습이 한눈에 들어오는데, 고故 최순우는 이를 "눈맛이 시원한 시야"라고 했고 유홍준은 이를 "태백산맥 전체가 무량수전 앞마당인 것처럼 끌어안은 것"이라 했다.

부석사 구경은 여기서 멈추지 않는다. 부석사 창건 전설의 핵심이 있는 선묘

각과 부석이다. 신라시대 의상대사를 사모하던 중국 여인 선묘가, 의상대사가 이곳에 절을 지으려 할 때 미리 진을 치고 있던 사이비 무리를 쫓아냈다는 전설이 있는 곳이다. 선묘는 의상대사와의 이루지 못한 사랑으로 바다에 몸을 던졌는데 의상대사가 바닷길에 폭풍우를 만나면 용으로 변해 보호했고 사이비 무리와 대치할 때는 거대한 돌이 되어 도와 주었다고 한다. 선묘각은 그 선묘아씨를 기리는 작은 사당이며 부석은 무량수전의 왼편에 있는 거대한 돌로서, 〈택리지〉가 전하는 바로는 새끼줄 하나 사이 정도로 공중에 떠 있다고 한다. 믿거나 말거나다.

무량수전을 바라보고 오른편으로는 산 위로 올라가는 소롯길이 나 있다. 창건주 의상대사를 모시는 집인 조사당으로 올라가는 길이다. 조사당 앞에는 의상대사가 짚고 다니던 지팡이를 조사당 처마 밑에 꽂았더니 가지가 돋아나고 잎이 피었다는 선비화가 창살 안에서 보호받고 있다.

부석사 정보
부석사 www.pusoksa.org

관람료 | 어른 1,200원 / 어린이 800원　**전화** | 054-633-3464

찾아가는 길
승용차 | 서울 → 중부고속도로 → 호법분기점 → 영동고속도로 → 여주 → 만종분기점 → 중앙고속도로 → 제천단양영주예천 → 풍기 IC → 부석사
고속버스 | 강남고속터미널과 동서울터미널 모두 영주행 고속버스가 있음. 강남터미널은 07:10부터 20:40까지, 매 30분 간격, 동서울터미널 은 06:15부터 21:45까지 약 30분 간격. 영주 시외버스터미널에 하차한 후, 길 건너편 노상의 시내버스 정류장에서 부석사행 시내버스 탑승
기차 | 청량리역에서 출발, 3시간 반 소요

주변 맛집
순흥묵집(054-637-5679, 010-2846-7728) 메밀 묵밥집으로 유명한데 메뉴 중 태평초는 호기심으로 먹고 묵채는 맛으로 먹는다. 경북 영주시 읍내리 241-7
정도너츠(054-636-0067) 30년 전통의 수제 도넛집. 영주에 왔으니 생강과 인삼 도넛은 먹어봐 줘야. 경북 영주시 풍기읍 산법리 341-2번지

맛따라 길따라 강원도 여행

| 강원도 |

태백산행

| 정희성

눈이 내린다 기차 타고
태백에 가야겠다
배낭 둘러메고 나서는데
등 뒤에서 아내가 구시렁댄다
지가 열일곱 살이야 열아홉 살이야

구시렁구시렁 눈이 내리는
산등성 숨차게 올라가는데
칠십 고개 넘어선 노인네들이
여보 젊은이 함께 가지
앞지르는 나를 불러 세워
올해 몇이냐고
쉰일곱이라고
그 중 한 사람이 말하기를
조오흘 때다

살아 천년 죽어 천년 한다는
태백산 주목이 평생을 그 모양으로
허옇게 눈을 뒤집어쓰고 서서
좋을 때다 좋을 때다
말을 받는다

당골집 귀때기 새파란 그 계집만
괜스레 나를 보고
늙었다 한다.

/ 희망의 통증, 어른의 성장통

이런 우스갯소리가 있다. 중학생 딸이 그랬단다. "엄마, 나 사춘기니까 건들지 마요". 웬만한 부모는 모두 기죽이는 이 대단한 딸내미의 유세 앞에서 엄마가 한마디 한다. "니가 사춘기냐? 난 갱년기다, 이 X아". 딸, 바로 꼬리 내렸단다. 질풍노도의 시기라며, 성인이 되기 위한 통과의례라며, 사해동포 하나 되어 떠받들어 주는 사춘기조차 단 한 방에 잠재우는 갱년기의 위력이다.

갱년기가 대부분 40대 후반부터 찾아오는 단발성 마음병이라면 마흔을 기점으로 시작되는 것은 어른의 성장통이다. 그런데 왜 마흔일까?

사춘기가 그러하듯 마흔 즈음에 어른은 몸과 마음의 극심한 변화를 경험하기 때문이다. 몸의 변화는 구체적이다. 주름이 늘어나고 피부는 탄력을 잃고 탈모

증상은 심해진다. 소주 두 병을 마셔도 다음날 거뜬하더니 한 병만 마셔도 다음날 온종일 숙취로 고생한다. 지구의 까마귀는 혼자 다 잡아먹은 듯이 깜빡깜빡 건망증은 정도가 심해진다. 신문을 보면 건강 관련 기사만 자꾸 눈에 들어온다.

마음의 변화는 불안감이 중심에 선다. '마흔 넘으면 다 잘 될 거야'로 위로했던 그 막연한 마흔이 보신각 종소리와 함께 실체로 다가왔을 때 사람들은 믿을 수 없다는 듯이 고개를 흔들며 파랗게 절망한다. 아무것도 해 놓은 것이 없는데 마흔이라니. 여전히 흔들리고 있는데 불혹不惑이라니. 이것이 내 인생의 성적표였어? 이렇게 내 인생은 땡땡땡 종 치는 거야?

이제 바야흐로 어른의 성장통이 시작된 것이다. 그래도 희망적이지 않은가? 어른의 방황을 '성장통'이라고 불러 준다는 것이?

성장이라는 말은 아직 시간이 많이 남은 대상에게 쓰는 말이다. 성장은 자라는 것이 멈췄거나 퇴행하는 존재에게는 쓰지 않는다. 기억을 상실하는 노인에게는 '치매를 앓고 있다'고 하지 '성장통을 앓고 있다'고 말하지 않는다.

이제 마라톤의 반을 뛰었을 마흔에게는 또 다른 반이 남아 있다. 비록 전반보다는 느리게 갈지라도 그 느림에는 자기만의 주법을 찾아낸 자의 여유로움이 있다. 또한 전반에 뒤처진 것을 지구력과 마지막 전력질주를 통해 만회하거나 역전시킬 가능성도 있다. 그러므로 성장통은 기쁘게 맞이하고 당당히 대처해야 할 희망의 통증이다.

늙음은 늙음을 두려워만 하고 있는 사람에게 더 빨리 찾아온다. 그것을 우리는 조로早老라고 한다. 그리고 이것이 성장통을 잘 못 겪는 어른이 보이는 가장 최악의 모습이다. 마흔의 눈으로 봤을 때 서른의 조바심이 유치함이었듯이, 예순의 눈에는 쉰이, 쉰의 눈에는 마흔의 성장통이 그저 우스울 수도 있다. '나는 서른보다 늙었어'가 아닌, 나는 '쉰보다 젊었어'라는 생각이 조로 예방의 자세다. 마치 정희성의 〈태백산행〉이라는 시詩처럼 말이다.

/ 나이 마흔, 강원도로 맛 여행을 떠나 보자

나이가 들면 혀에도 주름이 생기는 것인지, 혀의 결이 세밀해지면서 맛에 대한 감각이 예민해진다. 젊은 시절 음식 타박 한 번 안했던 돌쇠 씨도 마흔이 넘어가면 식탁에서 짜네 맵네 잔소리를 하고 밥 하나에 김치면 된다던 소박한 덕만 씨도 식객 만화책을 옆에 끼고 맛집 찾아 삼만리를 한다. 그래, 맛있는 음식을 먹지 못하고 나이만 먹는다면 그것도 억울한 일이겠다. 아예 본격적으로 맛 여행을 떠나 보자. 최고의 드라이브 길에서 좋은 경치도 보고.

강원도 베스트 드라이브 코스

경치하면 역시 강원도. 아름다운 산이 있고 맑은 강이 있고 푸른 바다가 있으며 깊은 숲과 청정계곡이 강원도에 있다. 특히 드라이브 코스로도 강원도는 최고의 지역이다. 강원도 국도나 지방도로의 중앙을 가르는 노란 분리선은 참을 수 없는 유혹의 금줄이다. 어느 도로라고 중앙분리선이 없겠느냐마는 강원도의 중앙분리선처럼 선명한 색을 띠면서 그 자체로 하나의 미학적 자태를 풍기는 곳을 나는 만나지 못했다.

그 금줄은 어느 순간 동아줄이 되어 내 차를 칭칭 감고 어디론가로 끌고 가는 착각을 주기도 한다. 어떨 때는 내 차가 금줄을 잡아먹는 거미가 아닐까 하는 생각도 든다. 옆을 휙휙 지나치는 금줄을 내 차의 위장은 잘도 소화하며 포식한다.

그만큼 강원도의 길을 드라이브하는 시간은 크나큰 즐거움이다. 아니 드라이브라기보다는, 봐도 봐도 질리지 않는 수려하고 장엄한 강원의 산과 계곡 속에서 운전대를 노 젓고 있다는 것이 맞는 표현이겠다.

만항재와 함백산으로 향하는 샛길

태백에서 정선으로 갈 때 38번 국도의 빠른 길을 마다하고 414번 지방도로를 타는 이유는 그 도로에 오른 순간 이 길은 단지 이동의 수단이 아닌 즐거운 여행길 자체이기 때문이다. 414번 만항재 도로는 해발 1,330미터에 포장된 고갯길이다. 우리나라에서 가장 높은 곳에 위치한 지방도로가 414번 도로인 셈이다. 하지만 만항재에 다다랐을 때의 체감 고도는 그리 높지 않다. 주변 동네인 사북과 고한의 고도가 원체 높기 때문이다. 그러나 만항재에서 불과 10여 분이면 도착하는 함백산 정상에서는 이야기가 달라진다.

만항재 도로에는 함백산 정상으로 향하는 샛길이 있다. 따로 표지판이 없어 이 길을 찾기란 쉽지 않다. '대한체육회 선수촌 태백 분촌'이라는 표지판이 있는 곳에서 샛길이 시작된다. 이 작은 샛길을 이용하면 자동차를 이용하고도 함백산 정상을 오를 수 있다. 자동차 문밖으로 산신령처럼 떠억 하고 함백산 정상의 비석이 나타나면 제 다리를 이용해 산에 오른 사람들에게 슬쩍 송구해지기도 한다. 그러나 때때로 자동차도 등산을 하고 싶은 거라고 애교있게 우겨 보자.

고지대에 깔끔하게 포장된 414번 만항재 고갯길은 설명이 필요 없는 멋진 드라이브 코스다. 하지만 만항재에서 함백산 정상으로 향하는 조그마한 샛길을 알게 된다면 만항재와는 또 다른 이곳만의 매력에 반하게 된다. 전자가 아찔한 절벽과 그 너머로 보이는 높은 고지대의 풍경들을 담고 있다면 이 조그마한 샛길은 아름다운 여성의 바디라인처럼 S자형 곡선 도로를 특징으로 한다. 게다가 그 도로 위로 자연산림인 울창한 나무들이 근사한 나무터널을 만들고 있다.

중앙선도 없는 이 작은 샛길을 따라 올라가다 보면 포장된 도로가 끝이 나고 자갈길을 만나게 된다. 여기서부터 자동차는 산을 휘휘 휘어 감으며 올라가는데 차 안에서 바라보는 산맥의 모습은 스릴 만점 속의 절경이다. 심장이 약하거나 4륜구동이 아닌 세단을 이용하는 드라이버들이라면 이 작은 샛길의 포장도

로까지만 가 보아도 후회하지 않을 것이다. 414번 만항재 고갯길의 '만항재 쉼터'에서 강원도 감자부침을 먹을 수 있다는 것도 이 여행에서 만날 수 있는 기쁨이다.

정선의 소금강 강변길

작은 금강산으로 불리우는 정선의 소금강은 동면 화암1리의 화표주에서 몰운1리의 몰운대까지 이어지는 약 4킬로미터의 계곡 일대를 말한다. 이 일대는 등산도 가능하지만 역시 정선 소금강의 백미는 뭐니 뭐니 해도 계곡 일대를 아우르며 흐르는 화려한 풍경들을 즐기는 드라이브다.

커다란 식칼로 내려친 듯한 기암괴석과 층암절벽이 눈을 즐겁게 한다. 소금강 계곡의 금강대, 설암, 신선암, 비선암 등을 차례로 만나는 순간, 운전자와 동석자는 동양화 속을 지나가고 있다는 생각도 하게 될 것이다. 도로 중간에 차를 주차시키고 경치를 감상할 수 있는 두 곳의 장소가 만들어져 있으니 지정된 곳에 차를 주차하고 잠시 경치를 감상해 보는 것도 좋다.

드라이브 코스를 계속 따라가다 보면 한치 마을이 나타나는데 그 마을 고개에 소금강 절경의 백미라 부를 수 있는 몰운대가 위치한다. 화암 8경에 속하는 몰운대는 몰운대로 직접 올라가는 것보다 계곡 아래에서 바라보는 모습이 더 좋다. 몰운대 가기 전 토마토 마을로 들어서면 제동교가 나오고 그 다리를 건너면 몰운관광농원이 우측에 보인다. 그곳에 차를 주차하고 밭길을 따라 5분 정도 들어가면 아름다운 계곡이 나타나는데 그곳에서는 몰운대의 우뚝 솟은 절벽과 벼락 맞은 3백년 된 소나무가 한 눈에 잡힌다.

동해의 새천년 도로

해안도로를 빼 놓고 드라이브 코스를 논할 수는 없을 것이다. 특히나 강원도 동해바다의 멋진 풍경을 감상하기 위해선 해안도로는 필수 코스다. 삼척의 '새천년 도로'를 추천한다. 이곳은 삼척시가 색다른 해안관광지 조성을 위해 삼척항과 삼척해수욕장을 이어서 만든 4.16km의 도로를 말한다. 새천년이 시작된 지 10년이 넘은 지금 '새천년 도로'라는 이름이 촌스러워 보이기도 하지만 동해의 뛰어난 바다경치를 바라보기엔 이보다 더 좋은 곳도 없다.

계획되어 만들어진 도로답게 도로 자체의 선이 매우 아름답고 매끈하며 깔끔하다. 특히나 이곳은 기암괴석과 뛰어난 해안 절경이 멋진 조화를 이루고 있어서 시시각각 느닷없이 다가오는 경치를 즐길 수 있어 좋다. 새천년도로의 끝에서 만나는 삼척항에서는 차를 잠시 쉬게 하고 느긋한 걸음으로 둘러보자.

강원도 정보

주변 맛집
정선의 동광식당(033-563-3100) 깊은 맛의 쫄깃한 황기 왕족발과 콧등치기 국수의 새로운 경험. 정선시내 정선역 근처에 있다.
태백의 태성실비식당(033-552-5287) 연탄불에 구워진 650m 고원에서 자란 한우의 지존 참맛. 아! 미쳐버릴 것 같은 육즙. 태백시 상장동 1 주공아파트 앞에 있다.
태백의 초막손칼국수(033-552-5287) 거부할 수 없는 얼얼한 매운맛의 찜 삼총사. 두부찜, 고등어찜, 갈치찜. 태백시에서 태백 운전면허시험장을 지나서 500m 지점에 위치
평창의 성주식당(033-335-2063) 강원도의 순박하고 담백하고 정직한 맛, 곤드레 쌈밥 한번 드셔 보드래요. 강원도 평창군 진부면 방아다리 약수길 안쪽 1km 정도 지점에 위치
주문진 미송정 횟집(033-661-8833, 011-9057-6702) 싱싱한 자연산 회와 전망 좋은 야외 테라스에서 즐기는 바다 경치. 강원도 강릉시 주문진읍 주문리 265-8

성에꽃

| 최두석

새벽 시내버스는
차창에 웬 찬란한 치장을 하고 달린다
엄동 혹한일수록
선연히 피는 성에꽃
어제 이 버스를 탔던
처녀 총각 아이 어른
미용사 외판원 파출부 실업자의
입김과 숨결이
간밤에 은밀히 만나 피워낸
번뜩이는 기막힌 아름다움
나는 무슨 전람회에 온 듯
자리를 옮겨다니며 보고
다시 꽃이파리 하나, 섬세하고도
차가운 아름다움에 취한다

어느 누구의 막막한 한숨이던가
어떤 더운 가슴이 토해낸 정열의 숨결이던가
일없이 정성스레 입김으로 손가락으로
성에꽃 한 잎 지우고
이마를 대고 본다
덜컹거리는 창에 어리는 푸석한 얼굴
오랫동안 함께 길을 걸었으나
지금은 면회마저 금지된 친구여

세월을 따라 느릿느릿 |우이령 길|

...꽃은 피고 선배의 머리카락은 빠진다. 꽃은 화려하고 선배의 빠진 머리는 황량하다.
힘 빠지는 선배는 풀과 꽃과 나무를 사랑하게 되고, 그들을 찍고, 나는 그런 선배를 찍는다.
그렇게 우리는 세월을 먹는다...

/인생이 준 고마운 선물

집으로 돌아가기 위해 전철을 기다리던, 술 한 잔 걸친 밤, 습관처럼 지하철 안전대에 걸려 있는 시를 읽고 있었다. 그러다가 문득 검은 유리에 흐릿하게 비친 낯익은 사내를 보았다. 아, 눈 밑의 주름은 도대체 언제 저렇게 깊어져서 마치 화석처럼 선명하게 자기 자리를 잡고 있었던 것일까? 거울이 잘못 되었나 싶어서, 그 옆으로 이동해서 보았으나 거울은 거짓말을 하지 않았다. 갑자기 두려움 같은 것이 밀려 왔던 것 같다. 울컥 서럽기도 했다. 마음은 언제나 청춘이라지만, 몸도 언제나 청춘이고 싶었다. 앞으로 살아 온 시간보다 더 짧은 시간이 지나면 애초에 내가 있었던 어둠 속으로 돌아가야 한다는 생각은 낯설고 두려웠다. 특별히 무언가를 한 것 같지도 않은데, 점심을 먹고 낮잠을 한숨 자고 났더니 갑자기 늙어 버린 듯한 기분이 들어서 억울하기까지 했다.

그때 전철이 왔다. 심야의 전철은 한산했다. 자리를 잡고 앉아 사람이 없어서 더 밝게 느껴지는 객실의 밝은 조명과 그것과는 완전히 대비를 이루며 바람처럼 달리고 있는 창밖 터널 속 검은 어둠을 망연히 보고 있었다. 쉭쉭쉭 사라지며 새로운 어둠에게 자리를 내어 주는 전철 밖을 보며, 살아 온 삶을 생각했다. 누구라도 그러하듯, 뒤돌아 보면 쉽지만은 않은 삶이었다. 보이지 않는 내일은

불안했고, 교통사고처럼 찾아오는 오늘의 변수는 무릎을 몇 번이나 휘청이게 했다. 둥지를 찾지 못한 새처럼 몸과 영혼은 많이 방황했고 쉴 곳이 없는 자신의 처지가 서러워 짐승의 비명을 속으로만 삼킨 적도 있었다.

그런 생각을 하다 보니 전철을 타기 전의 두려움과 서러움은 어느덧 사라지고, 이 만큼까지 살아온 삶도 참 대견하다는 생각이 들었다. 누군가 신비의 캡슐을 주면서, 이것을 받으면 당신이 원하는 시간으로 되돌아가서 잉여의 시간을 더 벌 수 있다고 한다 해도, 나는 그 캡슐을 받지 않을 것 같았다. 어느새 입에서는 평소 참 좋아했던 양희은 씨의 〈인생의 선물〉이라는 노래가 새어 나오고 있었다.

만약에 누군가가 내게 다시 세월을 돌려 준다 하더라도/ 웃으면서 조용하게 싫다고 말을 할 테야/ 다시 또 알 수 없는 안갯빛 같은 젊음이라면/생각만 해도 힘이 드니까/ 나이 든 지금이 더 좋아/ 그것이 인생이란 비밀 그것이 인생이 준 고마운 선물.

다시 전철의 유리창을 통해 비친 나의 얼굴을 봤다. 주름진 얼굴이 흐뭇하게 주인을 쳐다보며 웃고 있었다. 주름이 훈장처럼 보였다. 겨울을 견뎌내며 자신의 꽃을 피운 사람에게 주어지는 훈장. 그 훈장은 내가 살아온 굽이진 시간과 사람과의 관계, 희망과 절망, 상처와 치유, 용기와 좌절 등을 모든 담아낸 역사이고, 나만의 지문처럼 나를 나일 수 있게 해 주는 인식표이기도 했다. 전철을 내릴 때는 나는 이미 나의 주름을 사랑하고 있었다. 당신도 당신의 명예로운 주름을 사랑하는지? 당신의 주름, 참 아름다운 꽃이다.

/함께 나이 들어가는 누군가와 함께 우이령 길

인생을 살아가면서 우정이라는 이름을 가진 아름다운 누군가가 옆에 있다면 그 인생은 참 많이 든든할 것이다. 서로의 과거를 알고 있고, 오늘을 믿어줄 수 있으며, 내일을 지켜 봐 줄 수 있는 관계라면 그들은 세월을 함께 먹고 있다고 할 수 있다. 그런 이와 함께 느릿느릿 산길을 걸으며 주름진 여행을 해 보는 것은 어떠할까?

2010년, 41년 동안 일반인에게 공개되지 않았던 숲 길이 개방됐다. 서울시 강북구 우이동에서 경기 양주시 교현리까지의 6.8킬로미터 구간이다. 우이령 길이라고 부른다. 길이 소의 귀를 닮았다고 하여 쇠귓길牛耳이라는 정겨운 이름도 가지고 있다.

좁은 땅에 살고 있으니, 없는 길도 만들어내서 찾아가는 것이 대한국민이다. 사람에게 알려지지 않았다는 소문이 나면, 얼마 가지 않아 그곳은 바야흐로 관광지가 된다. 한 해 천만 명이 찾는 곳이 북한산과 도봉산이다. 그곳의 어느 한 길이, 41년 동안 꽁꽁 숨어있다가 모습을 드러낸다고 하니 사람들이 흥분했던 것도 당연하다. 게다가 폐쇄의 이유도 자극적이다.

영화 〈실미도〉의 초반부에 등장하는, 무장공비의 청와대 침투. 1968년 1월 21일, 김신조 외 30명은 바로 이 길을 이용해서 청와대 접근을 시도한다. 사건 이후 이 길은 폐쇄됐고, 그런 배경으로 인해 우이령 길은 역사적 호기심의 배경도 가지고 있다. 또 하나, 경기도와 서울을 고개 하나로 오갈 수 있다는 것과 더불어 도봉산과 북한산의 경계를 직접 걸어가면서 두 산의 경관을 동시에 감상할 수 있다는 것도 우이령 개방의 기대감을 한껏 상승시킨 원인이었다.

그리하여 그 길을 걷기로 한다. '주름'을 테마로 했던 답사길에 선배가 동행한다. 이 길을 걷기 전에 알아야 할 것 한 가지. 이 길은 걷는 길이다. 등산길이 아니다. 우이령 산책 후 등산을 연계할 계획이 아니라면, 운동화에 생수통 한 병이면 준비물은 끝이다. 대형 배낭에 스틱까지 주렁주렁 준비해서 가기에는 이 길이 너무 가볍다. 우이령 길은 우이동에서 출발할 수도 있고 송추 쪽에서 시작할 수 있다. 어느 쪽에서 시작하든 큰 차이는 없다. 약 3시간 정도의 이 길은, 노약자에게도 큰 무리가 없는 길이다. 여기서는 우이동에서 시작하는 것으로 순서를 잡는다.

탐방 지원 센터를 통과하면서 시작되는 본격적인 우이령 걷기 길은, 3~6미터의 비포장도로가 구불구불 이어진다. 오랫동안 사람들의 발길이 통제된 곳이어서인지, 잠자고 있던 숲이 일제히 잠에서 깨어나는 기분이다. 풀과 나무 등 온갖 초록에서 뿜어져 나오는 냄새는 진하고 아찔하다.

17년 동안 알고 지냈던 선배는, 우이령 초입에서부터 느닷없는 꽃 타령을 시작한다. 담장에 능소화가 관능적으로 피어 있었다. "능소화가 왜 담장 위나 나무를 타고 피어나는지 알아? 옛날에 임금님을 사랑한 궁녀가 있었거든. 그런데 임금님의 사랑은 한 번에 끝난 거야. 궁녀는 밤낮으로 담장 너머를 넘보며 임금을 기다렸겠지. 그러다 궁녀가 죽은 거야. 그 궁녀가 능소화가 된 거고, 그래서 능소화는 혼자의 힘으로 고개를 들기보다는 꼭 담장이나 나무와 같은 남의 힘을 빌어 피어나는 거야. 사랑을 기다리는 그리움으로. 슬프지 않나?"

슬펐어도 슬프지 않은 척 뻗대는 것은 후배가 누릴 수 있는 특혜다. 땡깡이라는 이름의 특혜. 그놈의 전설은 왜 그리 권력적이고 계급적이냐고 구시렁거리는 와중에도 선배는 계속 길가의 꽃을 찍는다. 찍고 또 찍는다. 찍는 것만이 아니다. 자신이 찍은 꽃에 대한 이름까지 줄줄이 알려 준다. 이건 '원추리'고, 이건 '동자꽃'이고 이건…

자연스럽게 보존된 생태계는 온갖 야생화를 통해 그 보존의 정도를 짐작할 수 있다. 국립공원 쪽에서는 층꽃나무, 범부채, 벌개미취, 하늘매발톱 등의 야생화 화단을 곳곳에 만들었지만 화단이 아니어도 능소화, 원추리, 까치수염, 백일홍, 동자꽃, 도라지 꽃 등을 심심치 않게 볼 수 있다. 흙길은 포근하다. 콘크리트로 죽어가고 있는 발들이 흙 위에서 숨통을 튼다. 사람들은 너나없이 신발을 벗고 양말을 벗고 발을 해방시킨다. 접신을 하듯, 아이가 엄마 품에 안기듯, 그렇게 흙을 맞이한다. 그 길을 걷는 사람들은 예쁜 새처럼 다정하다. 흙의 순함이 몸으로 이어진 것인지, 여자의 벗은 등산화를 대신 들어 주며 걷는 남자의 등이 두꺼워 보인다.

나는 선배에게 묻는다. 언제부터 그렇게 꽃에 관심이 있었느냐고. 선배는 답한다. '얼마 전부터 꽃이 좋아지더라'. 사진을 찍어가서 모르는 꽃은 식물도감을 보거나 인터넷에 물어 그 이름을 암기한다고 한다. 이런 양반이 아니었는데, 술 마시고 세상 이야기 하는 것에만 관심 있는 줄 알았더니 난데없이 웬 꽃사랑

우이령 길

이람.

우이령 길의 매력 중 빼 놓을 수 없는 것은 도봉산 오봉을 제대로 볼 수 있다는 점이다. 우이동에서 출발한다면 소귀 고개를 지나서 나타나는 전망대에서부터 유격장까지 다섯 개의 기묘한 봉우리를 바라보며 걸을 수 있는 즐거움이 크다. 다소 밋밋할 수 있는 우이령 걷기 길에 충만한 기쁨을 주는 것은 석굴암이라는 사찰이다. 절에서 풍기는 고유한 적막감이나 도량의 깊은 내음 등을 기대할 수는 없는 사찰이지만 오봉을 지붕으로, 상장능선을 전망으로 서 있는 이 작은 절은 걷기 길의 쉼터 치고는 호사일 정도로 화려하다.

우이령 고개를 넘어 석굴암 사찰에서 선배가 주저앉았다. 이 꽃은 처음 보는 꽃이라며 꽃을 관찰하고 찍는 시간이 길어진다. 아 그러나, 내 눈에 보인 것은 꽃이 아니다. 덤불로 보이는 하얀 새치와 사막처럼 휑한 머리. 꽃을 찍는 선배의 머리를 위에서 아래로 바라보니, 그 적나라한 세월의 흔적이 너무 노골적이어서 당황스럽다.

못볼 것은 본 사람처럼 애써 자기 감정을 숨기며 교현리까지 가는 길은 더 편안하다. 비교적 평탄한 흙길을 계속 걷다 보면 위병소가 나오고 거기서 우이령 길은 끝나게 된다. 41년의 멈춰진 시간에 대한 기대가 너무 컸던 탓인지, 막상 이 길을 걸은 이들은 그 대단치 않음에 실망감을 숨기지 않는다. 계곡에 들어갈 수도 없고, 전봇대와 전깃줄 등 군작전 지역의 황폐함이 풍광을 너무 망치고 있다고 한다. 그러나, 지금의 우이령 길을 탓할 필요는 없다. 기대가 컸다면 그 기대를 줄이면 된다. 그렇다면 우이령 길은 함께 주름을 키워가는 누군가와 함께 걷기에 제격인 길이다.

꽃은 피고 선배의 머리카락은 빠진다. 꽃은 화려하고 선배의 빠진 머리는 황량하다. 힘 빠지는 선배는 풀과 꽃과 나무를 사랑하게 되고, 그들을 찍고, 나는 그런 선배를 찍는다. 그렇게 우리는 세월을 먹는다. 선배는 후배에게, 후배는 선배에게, 시간은 사람에게, 사람은 시간에게, 능소화가 된다. 그날 밤, 나는 선배 앞에서 대취했다. 짜한 무언가가 자꾸 막걸릿잔으로 들어가서 술은 안주 없이도 술술 잘 넘어갔지만 가끔씩 사레가 컥컥하고 걸렸던 밤이었다.

우이령 길 정보

우이령 길(02-998-8365)
입산 허용시간 | 09:00~14:00
하산 완료시간 | 16:00까지
이용 방법 | 국립공원 홈페이지(bukhan.knps.or.kr)에서 1일 전까지 예약을 한 탐방객 1000명으로 인원 제한
우이동에서 시작되는 길 | 수유역 3, 4번 출구로 나와 버스차로에서 120, 130번 타고 우이동 버스종점 하차
송추에서 시작되는 길 | 불광동 시외버스 터미널이나 구파발 1번 출구에서 34번, 704번을 타고 '석굴암 입구' 정류장에 하차

북한산 둘레길(02-900-8085) ecotour.knps.or.kr
'역사, 문화 그리고 자연과 인간이 살아 숨쉬는 자연스럽고 편안한 길'을 목표로 북한산 저지대 자락길을 둘레길로 조성하고 있다.
위치 | 북한산국립공원 자락 저지대 일원(서울시 6개 구, 경기도 3개 시)
길이 | 전체 63.2km, 금회 개통(44km)

수록 시 출처

당신이 내리실 역은 희망정거장, 항동 기차여행
철길 지울 수 없는 노래 (김정환, 창비시선 036)

생명의 소음이 있는 곳, 광장시장
들리는 소리 나는 걷는다 물먹은 대지 위를 (원재길, 민음사)

자연과 하나 되어 걷는 길, 제주 올레
도보순례 제국호텔 (이문재, 문학동네)

하늘에서 가까운 예술 마을, 낙산
파안 날랜 사랑 (고재종, 창작과비평사)

나를 버리고 떠난다, 보길도
섬 정현종 시선집 섬 (정현종, 열림원)

소중한 사소함을 찾아서, 약수동
즐거운 편지 즐거운 편지 (황동규, 휴먼앤북스)

시인과 동백과 상사화가 있는 곳, 선운사
천창호에서 그곳이 멀지 않다 (나희덕, 문학동네)

맑고 향기로운 삶, 길상사
나와 나타샤와 흰 당나귀 멧새 소리 (백석, 미래사)
연꽃과 십자가 얼음수도원 (고진하, 민음사) / 버리고 떠나기 (법정 스님)

사람에 대한 간절함을 안고 떠나는 여행, 지심도
당신에게 중독되어버린 내 사랑 (황봉학)

섬에서 게으르게 무위도식하기, 선유도
부뚜막에 쪼그려 수제비 뜨는 나어린 처녀의 외간 남자가 되어 가만히 좋아하는 (김사인, 창비)

핑크빛 분위기로 떠난다, 춘천
의자 의자 (이정록, 문학과지성사)

아이에게 추억 만들어 주기, 태안 해수욕장 호핑 투어
율포의 기억 양귀비꽃 머리에 꽂고 (문정희, 민음사)

볼 것 많고 먹을 것 많은 여행지, 담양
그 이름 생각만 해도 눈물겨운 (권경업 미 발표작)

할머니 품처럼 아득하고 아련한 도시, 강경
늙은 거미 뜻밖에 (박제영, 애지)

교과서 밖에서 만나는 통일과 평화, 고성
아이를 키우며 ASIA 아시아 (렴형미, 2007 봄 제4호)

작은 사슴들이 사는 아름다운 섬, 소록도
보리피리 보리피리 (한하운, 미래사)

출구 없는 시간 속으로 떠난 여행, 군산
문고리 따뜻한 흙 (조은, 문학과지성사)

오래된 것을 찾아 떠난 여행, 홍제동 개미마을
인연 축제 (김해자, 애지)

천 년의 역사가 숨 쉬고 있는 도시, 경주
성장 은빛 호각 (이시영, 창작과비평사)

상처 난 가슴이 닿는 곳, 해남 땅끝마을
솟구쳐 오르기 2 세상에서 가장 무거운 싸움 (김승희, 세계사시인선 56)

절망의 끝에서 봄 맞으러 가기, 원당종마목장
봄 우리 앞이 모두 길이다 (이성부, 찾을모)

자연으로 떠나는 치유여행, 통도사와 영축산
소나무에 대한 예배 어느 날 나는 흐린 주점에 앉아 있을 거다 (황지우, 문학과지성사)

슬픔의 코드에 잘 닿아 있는 곳, 영월 청령포
물방울, 송곳 태양의 족보 (정병근, 세계사)

그리움을 가득 안고 떠난 여행, 목포
선술집 허공 (고은, 창비)

어느 날 엄마가 그리울 때, 운주사
엄마 너를 생각하는 것이 나의 일생이었지 (정채봉, 샘터)

문학의 땅에서 마주하는 고해성사, 장흥
눈길 눈길 (이청준, 열림원)

나 자신을 위해 하루를 쓰고 싶을 때, 수종사와 다산 유적지
나 희미한 옛사랑의 그림자 (김광규, 민음사)

갈대밭에서 순응하는 삶을 배우다, 순천
풀 김수영 전집 1 (김수영, 민음사)

곡선의 여행, 부석사
그 굽은 곡선 세상의 나무들 (정현종, 문학과지성사)

맛 따라 길 따라, 강원도 여행
태백산행 돌아다보면 문득 (정희성, 창작과비평사)

세월을 따라 느릿느릿, 우이령 길
성에꽃 성에꽃 (최두석, 문학과지성사)

한 손엔 차표를, 한 손엔 시집을
시가 있는 여행

지은이 | 윤용인

디자인 | 미디어 픽스
편집 | 주간 이흔복 부장 김연주 과장 김세옥 김은정
영업관리 | 실장 김종선 부장 이진목 최영주
기획 마케팅 | 민금란

출력 | 프리테크in 인쇄 | HEP

초판 1쇄 | 2012년 1월 15일
초판 2쇄 | 2012년 12월 10일

발행인 | 이진희
발행처 | 에르디아
주소 | 서울시 강남구 논현2동 114-18
전화번호 | 02-540-5192~5193, 544-5933(영업부)
         02-544-5922, 5933, 5944(편집부)
         02-544-5192(미술부)
FAX | 02-540-5194
홈페이지 | www.leescom.com
등록번호 | 제 2011-000104

Copyright ⓒ 윤용인
이 책의 저작권은 저자에게 있으며, 이 책에 실린 사진과 글의
무단 전재 및 복제를 금합니다. 잘못된 책은 바꾸어 드립니다.

*이 책에 사용된 작품 중 일부는 저작권자와 연락이 닿지 않아 사용 승인을
 받지 못했습니다. 추후에라도 연락이 닿으면 즉시 처리하겠습니다.
*군산시청, 논산시청, 양산시청, 울산시청, 해남군청에서 사진 자료 일부를 제공해 주었습니다.

ISBN | 978-89-966979-1-6 13980
값 | 13,000원

*에르디아는 'Ernst Dialog(진실한 대화)'의 약자로, 도서출판 리스컴의 인문·문학 분야 브랜드입니다.
 진실을 담은 책, 마음을 살찌우는 책들로 독자 여러분께 더 가까이 가겠습니다.